오픽 루키 첫걸음

지은이 김용직·안지혜
펴낸이 임상진
펴낸곳 (주)넥서스

초판 1쇄 발행 2022년 2월 3일
초판 2쇄 발행 2022년 2월 7일

출판신고 1992년 4월 3일 제311-2002-2호
주소 10880 경기도 파주시 지목로 5
전화 (02)330-5500 팩스 (02)330-5555

ISBN 979-11-6683-208-6 13740

www.nexusbook.com

OPIC 루키 첫걸음

초·중·고
영어 말하기 시험
완벽 대비

김용직·안지혜 지음

넥서스

머리말

◇ 초 · 중 · 고 학생들부터 대학생 · 직장인들까지 함께 볼 수 있는 유일한 시험

대학생 • 직장인들에게만 국한되었던 오픽 시험이 초 · 중 · 고 학생을 대상으로 하는 오픽 루키 시험까지 확대되었습니다. 즉, 학생과 학부모가 오픽 시험 센터에서 함께 오픽을 응시할 수 있게 되었습니다. 오픽이 학생들까지 대상이 확대되었다는 소식을 듣고 나서, 오랜 집필 경험을 되살려 다시 오픽 루키만을 위한 맞춤형 교재 '오픽 루키 첫걸음'을 집필하게 되었습니다.

◇ 일상생활과 아주 밀접하게 관련된 시험

아직 오픽 루키 여러분들에게는 오픽이라는 단어가 생소하게 들리겠지만, 대학생과 직장인 사이에서는 가장 널리 알려진 '영어 말하기 시험'이자, 가장 많은 성인들이 보는 국내 1위 말하기 시험입니다. 오픽은 본 시험을 보기 전에 '사전 설문조사'라는 절차가 있습니다. 사전 설문조사에는 '취미, 여가활동, 운동, 여행' 등의 분야에서 약 80개 이상의 항목들이 있는데요. 이렇게 많은 항목들 중에서 여러분들이 관심이 있는 항목을 선택할 경우, 선택한 항목들이 시험으로 출제되는 형태입니다.

이 책은 오픽 루키 여러분들이 오픽을 좀 더 쉽게 준비할 수 있도록 '나의 주중 일상생활, 나의 주말 일상생활, 방학/휴가 때 일상생활' 이렇게 3가지 섹션으로 구성하였습니다.

'게임하기, 음악 감상, 친구들과 문자 대화하기' 이 3가지가 바로 '사전 설문조사'에서 선택할 수 있는 항목입니다. 학교에 가는 월요일부터 금요일까지 즉, 평일에 게임을 즐겨 하고, 좋아하는 가수들의 음악도 자주 들으면서, 친구들과 카카오톡으로 대화를 한다면 위의 3가지 항목을 선택해서 오픽을 준비하면 됩니다.

'영화 관람, TV 시청, SNS하기' 이 3가지 역시 '사전 설문조사'에서 선택할 수 있습니다. 학교 다니느라 할 수 없었던 일은 주말에 할 수 있는데 주말에 친구들을 만나서 영화를 보러 가거나, 집에서 좋아하는 TV 프로그램을 보거나, 아니면 '인스타그램, 페이스북, 유튜브, 트위터, 밴드, 카카오스토리' 등 다양한 SNS 채널을 통해서 나의 최근 소식을 올리고 공유하는 것에 대해 말할 수 있습니다.

여름방학, 겨울방학 또는 직장에 다니는 엄마, 아빠 휴가 기간 동안에는 캠핑을 떠나서 야외에서 즐거

운 시간을 보낼 수 있고, 제주도나 멀리 해외여행을 떠날 수 있죠. '캠핑 가기, 국내 여행, 해외여행' 모두 오픽 설문조사에서 선택할 수 있는 항목들입니다. 쉽게 말할 수 있는 일상생활 주제를 그대로 선택해서 오픽 시험을 준비해 보세요.

◇ 모든 문제에 대해 맞춤형 답안 2개씩 제공

학생들의 학년과 나이 등을 감안하여, 쉬운 버전의 답안과 어려운 버전의 답안 두 가지로 구성하였습니다. 2개의 답안 중 학생 본인과 어울리는 답안을 선택해서 오픽을 준비할 수 있습니다. 또한 각 답안마다 핵심 키워드를 제공하기 때문에 무슨 말을 해야 할지를 먼저 키워드를 잡고 나서 구체적으로 답변을 하면 됩니다.

◇ 현직 강남 YBM 어학원 오픽 대표 강사의 10년 강의 노하우 전달

영어 말하기는 원래 어려운 것이 아니라, 우리가 아직 제대로 하지 않았기 때문에 어렵게 느껴지는 것이라고 항상 얘기합니다. 저는 학생들이 친구들과 장난을 치며 즐겁게 학습하는 상황을 상상하며 집필했습니다. 본 교재로 원하는 오픽 등급을 획득할 뿐만 아니라, 즐거운 기억을 남겨 영어 학습의 선순환이 지속되기를 희망합니다.

강남 YBM 어학원에서 오픽 대표강사를 역임하면서 출제 확률, 적중률이 높은 문제들과 최근에 자주 출제되는 문제들을 완벽하게 복원하여, 본 교재에 그대로 반영하였습니다.

마지막으로 항상 곁에서 걱정하고 응원해 준 딸, 아내 그리고 부모님께 먼저 감사드리며, 본 교재가 탄생할 수 있도록 물심양면으로 도와주신 넥서스 관계자 여러분들께도 깊은 감사의 말씀을 드립니다.

저자 진용직, 안지혜

차 례

구성과 특징

오픽 루키 문제 유형별 정리
(Chapter 1~2)

오픽 루키의 대표 유형을 정리하였습니다. 모법 답안을 2개씩 제시하여 상황에 맞게 선택하여 답변할 수 있도록 하였습니다.

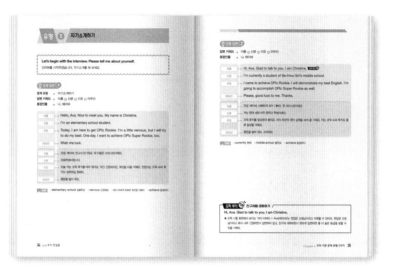

오픽 루키 문제 주제별 정리
(Chapter 3~7)

오픽 루키의 대표 문제를 주제별로 정리하였습니다. 역시 모법 답안을 2개씩 제시하여 상황에 맞게 선택하여 답변할 수 있도록 하였습니다.

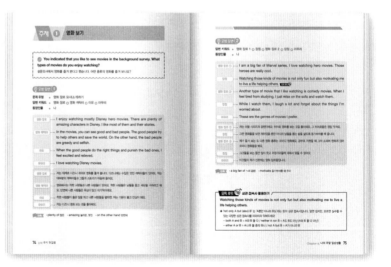

Actual Test
2회분 수록

오픽 루키 실전 모의고사를 2회
분 제공합니다. 최신 기출 경향
을 반영하여 최대한 실전에 가
까운 문제로 구성하였습니다.
모범 답안을 통해 정답을 확인
할 수 있습니다.

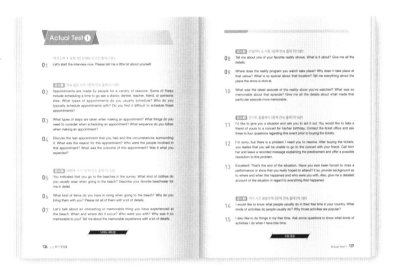

부가 자료 제공

▷ MP3

언제 어디서든 편하게 학습할 수 있도록 QR
코드를 통해 바로 MP3를 들을 수 있습니다.
MP3는 넥서스 홈페이지(www.nexusbook.
com)에서도 다운로드할 수 있습니다.

▷ 동영상 강의

저자 직강 동영상 강의(유료)를 다름에듀(www.dredu.
co.kr)에서 확인할 수 있습니다.

OPIc 이란?

OPIc은 컴퓨터를 통해 진행되는 반직접 평가로 외국어를 얼마나 잘 구사하는가를 평가하는 언어 능숙도 시험입니다. 응시자 개개인의 질문에 대한 대답을 녹음한 후 미국의 평가 서버에 전송되며, ACTFL 공인 평가자가 평가하게 됩니다.

OPIc은 국제적인 명성의 ACTFL Oral Proficiency Interview(OPI)에 기초하고 있습니다. OPI는 ACTFL 공인 평가자와 면대면 또는 전화 인터뷰 방식으로 진행됩니다.

OPIc은 단순히 문법(Grammar), 어휘(Vocabulary)나 외국어 규칙을 얼마나 많이 알고 있는가를 측정하는 시험이 아닙니다. 실제 생활에서 얼마나 효과적이고 적절하게 언어를 사용할 수 있는지를 측정하는 시험입니다. 다시 말해서, OPIc은 응시자가 외국어로 어떤 일을 할 수 있고, 실생활의 목적들과 연관되게 언어 기술을 사용할 수 있는가를 측정하는 시험입니다. 따라서 OPIc은 응시자가 얼마나 오랫동안 외국어를 학습했는지, 언제, 어디에서, 어떤 이유로 어떻게 언어 능력을 습득하였는가 보다는 응시자의 본질적인 언어 활용 능력을 측정하게 됩니다.

OPIc은 5단계에 걸쳐 언어 능력을 측정하게 되며, Grammar, Vocabulary, Pronunciation은 5단계 평가 영역 중 Language Control의 한 가지 평가 영역에 불과합니다. 따라서 특정 분야에 치우치지 않는 언어 수행 능력을 중심으로 한 총체적인 언어 수행 능력을 평가하게 됩니다.

OPIc은 절대평가 방식으로 측정됩니다. 응시자의 녹음된 대답 내용은 "ACTFL Proficiency Guidelines Speaking (Revised 2012)"라는 범용적인 말하기 기준에 따라 절대평가됩니다. ACTFL 공인 평가자는 녹음된 대답을 듣고 상기의 기준에 따라 Novice Low~Advanced Low까지의 등급을 부여하게 됩니다.

OPIc 의 특징

평가영역   OPIc은 수험자의 말하기 능력을 총체적으로 평가합니다. 언어적 요소(Accent, Grammar, Vocabulary, Fluency)뿐만 아니라 기능적 측면(Global Tasks and Functions, Context/Contents, Accuracy, Text type) 모두 집중함으로써 언어적인 요소만을 평가하는 타 외국어 시험과는 차별화됩니다.

문항구성   OPIc에서는 시험 전(前) Background Survey를 통해 응시자 개개인의 관심사에 맞춘 문제가 출제됩니다. 일방적으로 문제가 출제되는 타 시험들과는 구별된다고 할 수 있습니다.

충분한 녹음 시간의 확보   타 말하기 시험과는 달리, OPIc에는 각 문항당 답변의 제한시간이 없습니다. 충분한 녹음 시간 확보를 통해 수험자의 실질적인 말하기 실력을 측정합니다.

*출처 : http://www.opic.or.kr

OPIc은 총 4가지 평가 영역에서 수험자의 말하기 능력을 평가합니다. 4가지 평가 기준으로 의사소통의 총체적 능력 (Holistic Approach)을 평가하므로 평가 결과를 신뢰할 수 있습니다.

◇ 시험 진행 구성

오리엔테이션 (약 20분)	❶ Background Survey	시험 문항 출제를 위한 사전 설문
	❷ Self Assessment	시험 난이도 결정을 위한 자가 평가
	❸ Overview of OPIc	화면 구성, 문항 청취 및 답변 방법 안내
	❹ Sample Question	실제 답변 방법 연습
본 시험 (약 40분)	❶ 1st SESSION	개인별 맞춤 문항(질문 청취 2회 가능)
	❷ 난이도 재조정	2차 Self Assessment(쉬운 질문, 비슷한 질문, 어려운 질문 중 택 1)
	❸ 2nd SESSION	1st 와 동일, 언어의 정확성
평가 및 결과 통보	❶ 답변 전송	인터넷을 통한 실시간 답변 전송
	❷ 평가	ACTFL 공인 Rater 신뢰도, 객관성 유지
	❸ 결과 통보	근무일 기준 5일 내외의 신속한 평가 결과 통보

◇ 시험 문제 유형

OPIc / OPI

영어로 당면 과제를 잘 수행하는가에 대한 측정

묘사와 설명, 상황에 대한 대처 방법의 지속적인 연습

| 특정 장소, 사람, 사물에 대한 묘사 | 평소에 하는 일이나 활동에 대한 묘사 | 과거의 경험의 설명 | 질문하고 질문에 대답하기 등 |

제반 일상 말하기 능력

*출처 : http://www.opic.or.kr

ACTFL Proficiency Guidelines

OPIc의 평가는 ACTFL Proficiency Guidelines-Speaking에 따라 절대평가로 진행됩니다. 이는 말하기 능숙도(Oral Proficiency)에 대한 언어 능력 기준입니다.

ACTFL이 발행한 40년간의 노하우가 집적된 Guidelines는 교육과 평가, 실제 능력의 일치를 이루어낸 가장 신뢰할 수 있는 평가 기준입니다.

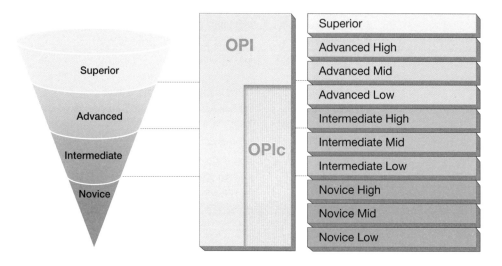

Level	레벨별 요약 설명
AL Advanced Low	사건을 서술할 때 일관적으로 동사 시제를 관리하고, 사람과 사물을 묘사할 때 다양한 형용사를 사용한다. 적절한 위치에서 접속사를 사용하기 때문에 문장 간의 결속력도 높고 문단의 구조를 능숙하게 구성할 수 있다. 익숙하지 않은 복잡한 상황에서도 문제를 설명하고 해결할 수 있는 수준의 능숙도이다.
IH Intermediate High	개인에게 익숙하지 않거나 예측하지 못한 복잡한 상황을 만날 때, 대부분의 상황에서 사건을 설명하고 문제를 효과적으로 해결하곤 한다. 발화량이 많고 다양한 어휘를 사용한다.
IM Intermediate Mid	일상적인 소재뿐만 아니라 개인적으로 익숙한 상황에서 문장을 나열하며 자연스럽게 말할 수 있다. 다양한 문장 형식이나 어휘를 실험적으로 사용하려고 하며 상대방이 조금만 배려해 주면 오랜 시간 대화가 가능하다.
IL Intermediate Low	일상적인 소재에서는 문장으로 말할 수 있다. 대화에 참여하고 선호하는 소재에서는 자신감을 가지고 말할 수 있다.
NH Novice High	일상적인 대부분의 소재에 대해서 문장으로 말할 수 있다. 개인 정보라면 질문을 하고 응답을 할 수 있다.
NM Novice Mid	이미 암기한 단어나 문장으로 말하기를 할 수 있다.
NL Novice Low	제한적인 수준이지만 외국어 단어를 나열하면 말할 수 있다.

오픽 루키 시험 진행 방식

◇ 준비물

필수 지참 : 신분증 (규정 신분증 및 대체 신분증만 허용)

※수험표 없이 시험 응시 가능합니다. (단, 시험 시간 및 시험센터를 확인 후 출발하시기 바랍니다.)

◇ 규정신분증

구분	규정 신분증	대체 신분증 (규정 신분증 대신 사용 가능)
일반인 및 대학생	주민등록증, 운전면허증, 기간 만료 전 여권, 공무원증	거주지 또는 해당 동사무소에서 발급한 기간 만료 전 「주민등록증 발급 신청 확인서」
초등학생	주민등록등본/초본, 기간 만료 전 여권, 의료보험증, 청소년증	학교장의 직인을 득한 「신분 확인 증명서」 (반드시 시험일로 3개월 이내의 사진 必)
중/고등학생	학생증, 기간 만료 전 여권, 청소년증	학교장의 직인을 득한 「신분 확인 증명서」 (반드시 시험일로 3개월 이내의 사진 必)
군인	장교 및 부사관 신분증, 군무원증, 공익근무요원증, 기간만료 전 여권	군복무 확인 증명서
외국인	외국인등록증, 기간 만료 전 여권	없음

*위 규정에 명시되지 않는 신분증은 OPIc 규정 신분증으로 인정되지 않습니다.

◇ 입실 시간 : 시험 시작 10분전까지 입실하셔야 합니다.

　　　　　　지각시 시험 응시가 불가능합니다.

◇ 시험 시간 : 약 60분 정도 소요됩니다.

구분	내용	시간
Orientation	시험 진행 안내	20분
OPIc	본 시험 진행	40분

◇ 시험 진행 절차

*출처 : http://www.opic.or.kr

오픽 루키 설문 조사

◇ 이 Background Survey 응답을 기초로 개인 맞춤형 문항이 출제됩니다.
질문을 자세히 읽고 답변해 주시기 바랍니다.

1. 현재 귀하는 어느 분야에 종사하고 계십니까?

☐ 사업/회사   ☐ 재택근무/재택사업   ☐ 교사/교육자   ☐ 군 복무   ☐ 일 경험 없음

1.1   현재 귀하는 직업이 있습니까?
○ 네   ○ 아니오

1.2   귀하의 근무 기간은 얼마나 되십니까?
○ 첫 직장 – 2개월 미만   ○ 첫 직장 – 2개월 이상   ○ 첫 직장 아님 – 경험 많음

1.3   귀하는 부하 직원을 관리하는 관리직을 맡고 있습니까?
○ 네   ○ 아니오

문항 1에서 교사/교육자로 답변했을 경우

1.4   귀하는 어디에서 학생을 가르치십니까?
○ 대학 이상   ○ 초등/중/고등학교   ○ 평생교육

1.5   귀하의 근무 기간은 얼마나 되십니까?
○ 2개월 미만 and 첫 직장
○ 2개월 미만 and 교직은 처음이지만 이전에 다른 직업을 가진 적이 있음   ○ 2개월 이상

2. 현재 귀하는 학생이십니까?

☐ 네   ☐ 아니오

2.1   현재 어떤 강의를 듣고 있습니까?
○ 학위 과정 수업   ○ 전문 기술 향상을 위한 평생 학습   ○ 어학 수업

2.2   최근 어떤 강의를 수강했습니까?
○ 학위 과정 수업   ○ 전문 기술 향상을 위한 평생 학습
○ 어학 수업   ○ 수업 등록 후 5년 이상 지남

3. 현재 귀하는 어디에 살고 계십니까?

○ 개인주택이나 아파트에 홀로 거주
○ 친구나 룸메이트와 함께 주택이나 아파트에 거주
○ 가족(배우자/자녀/기타 혹은 가족 일원)과 함께 주택이나 아파트에 거주
○ 학교 기숙사
○ 군대 막사

◇ 아래의 4~7번 문항에서 12개 이상을 선택해 주시기 바랍니다.

4. 귀하는 여가 활동으로 주로 무엇을 하십니까? (두 개 이상 선택)

○ 영화 보기
○ 클럽/나이트클럽 가기
○ 공연 보기
○ 콘서트 보기
○ 박물관 가기
○ 공원 가기
○ 캠핑 가기
○ 해변 가기
○ 스파/마사지숍 가기

○ 스포츠 관람
○ 주거 개선
○ 술집/바에 가기
○ 카페/커피전문점 가기
○ 게임하기(비디오, 카드, 보드, 휴대폰 등)
○ 당구 치기
○ 체스하기
○ SNS에 글 올리기
○ 구직 활동하기

○ 친구들과 문자 대화하기
○ 시험 대비 과정 수강하기
○ TV 보기
○ 리얼리티쇼 시청하기
○ 뉴스를 보거나 듣기
○ 요리 관련 프로그램 시청하기
○ 쇼핑하기
○ 차 드라이브하기
○ 자원봉사하기

5. 귀하의 취미나 관심사는 무엇입니까? (한 개 이상 선택)

○ 아이에게 책 읽어 주기
○ 음악 감상하기
○ 악기 연주하기
○ 혼자 노래 부르거나 합창하기
○ 주식 투자하기

○ 독서
○ 춤 추기
○ 글쓰기(편지, 단문, 시 등)
○ 그림 그리기
○ 여행 관련 잡지나 블로그 읽기

○ 사진 촬영하기
○ 요리하기
○ 신문 읽기
○ 애완동물 기르기

6. 귀하는 주로 어떤 운동을 즐기십니까? (한 개 이상 선택)

○ 농구
○ 야구/소프트볼
○ 축구
○ 미식축구
○ 하키
○ 크리켓
○ 골프
○ 배구

○ 테니스
○ 배드민턴
○ 탁구
○ 수영
○ 자전거
○ 스키/스노보드
○ 아이스 스케이트
○ 운동 수업 수강하가

○ 태권도
○ 조깅
○ 걷기
○ 요가
○ 하이킹/트레킹
○ 낚시
○ 헬스
○ 운동을 전혀 하지 않음

7. 귀하는 어떤 휴가나 출장을 다녀온 경험이 있습니까? (한 개 이상 선택)

○ 국내 출장
○ 해외 출장
○ 집에서 보내는 휴가

○ 국내 여행
○ 해외여행

Q1 오픽은 어떤 시험인가요?

◇ 오픽은 응시생의 개별 상황과 관심사를 적용한 개인 맞춤형 말하기 평가입니다.

시험을 보기 전에, 사전 설문조사(Background Survey)를 통해서 학생 신분, 현재 살고 있는 집, 관심사나 취미 등 응시생 본인과 관련된 설문 항목들을 총 12개 선택할 수 있습니다.

여가 생활에서는 'TV 시청, 영화 보기, 캠핑하기, 게임 하기, 친구들과 문자하기' 등의 항목들이 인기가 있고, 취미나 관심사에서는 '음악 듣기, 노래 부르기, 춤 추기, 애완동물 기르기, 독서, 사진 촬영하기' 등의 항목들이 있습니다. 이외에도 운동과 휴가 분야에서 약 30개의 다양한 항목들이 구성되어 있습니다.

그리고 응시생 영어 실력에 맞게 난이도 1(가장 쉬운 단계)~6(가장 어려운 단계) 중에서 가장 어울리는 난이도를 정한 후 동그란 박스에 체크해서 난이도를 선택하면 됩니다. 난이도가 어려운 5 또는 6단계를 선택하면 어려운 문제가 출제될 수 있기 때문에 신중하게 선택해야 합니다.

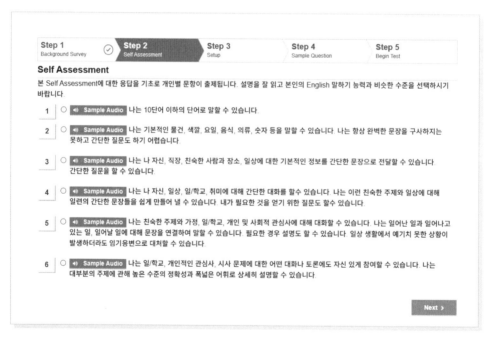

*출처: www.opic.or.kr

◇ 오픽은 전국 25개 지역에 120개의 시험 센터가 있어서 편리합니다.

응시생이 살고 있는 지역 근처에 있는 시험 센터에서 원하는 날짜와 시간, 그리고 원하는 장소에서 언제든 편리하게 응시가 가능합니다. 오픽은 iBT 기반의 시험으로 인터넷 환경이 갖추어진 곳이라면 어디든지 시험 진행이 가능합니다.

◇ 오픽 성적 결과는 5일 만에 확인할 수 있습니다.

다른 어학 시험과는 달리, 오픽은 성적이 5일 후에 발표되기 때문에 빠르게 시험 결과를 확인할 수 있습니다.

◇ 오픽 개발 기관은 세계 최대 비영리 외국어 교육 전문 기관인 미국 ACTFL입니다.

1967년 설립된 세계 최대의 비영리 외국어 교육 전문가관인 ACTFL은 10,000여 명의 교육, 평가 전문가, 교수, 초중고등 교사와 교육 행정가로 구성되어 있습니다. ACTFL은 유치원에서 대학에 이르는 전 교육 범위에 전 세계 약 70개 언어에 대한 교육과 평가를 제공하는 세계 유일의 전문 교육 기관으로 공신력이 있고, 신뢰도 역시 아주 높다고 할 수 있습니다.

◇ 오픽 평가는 3단계로 진행됩니다.

1st rating ▶ 2nd rating ▶ 3rd rating(Quality Assurance) ▶ Final Decision

첫 번째 평가에서는 모든 문항에 대해 채점이 이뤄지고, 두 번째 평가에서는 50% 채점이 이뤄지며, 마지막 세 번째 평가에서는 무작위로 문항을 선택해서 채점이 이뤄진 후 최종 등급이 확정됩니다. 이처럼 오픽은 3단계로 평가를 진행함으로써 평가의 객관성과 안전성을 확보한 시험입니다.

사전 설문조사(Background Survey)는 무엇인가요?

오픽 시험에서 가장 중요한 게 바로 '사전 설문조사', 그리고 '난이도 선택'입니다. 사전 설문조사에서 선택한 항목들에서 시험 문제가 출제되기 때문에 응시생 본인과 잘 어울리는 항목들을 선택하는 게 중요합니다. 오픽 루키 여러분들은 초중고 학생이고, 대부분 가족과 함께 살고 있거나 학교 기숙사에서 생활을 할 수 있을 텐데요. 학생 신분과 현재 거주지를 먼저 선택하고 나면, 총 12개의 항목을 선택해야 하는 4가지 분야가 바로 뒤에서 나오게 됩니다.

◆ 여가활동 & 취미나 관심사

Step 1 Background Survey	Step 2 Self Assessment	Step 3 Setup	Step 4 Sample Question	Step 5 Begin Test

Background Survey

질문을 읽고 정확히 답변해 주시기 바랍니다. 설문에 대한 응답을 기초로 개인별 문항이 출제됩니다.

Part 4 of 4

아래의 설문에서 총 12개 이상의 항목을 선택하십시오.

[12 개 항목을 선택했습니다.]

귀하는 여가 활동으로 주로 무엇을 하십니까? (두 개 이상 선택)

- ☑ 영화보기
- ☐ 클럽/나이트클럽 가기
- ☐ 공연보기
- ☐ 콘서트보기
- ☐ 박물관가기
- ☑ 공원가기
- ☑ 캠핑하기
- ☐ 해변가기
- ☑ 스포츠 관람
- ☐ 주거 개선

귀하의 취미나 관심사는 무엇입니까? (한 개 이상 선택)

- ☐ 아이에게 책 읽어주기
- ☑ 음악 감상하기
- ☐ 악기 연주하기

*출처: www.opic.or.kr

귀하는 주로 어떤 운동을 즐기십니까?(한개 이상 선택)

☐ 농구

☐ 야구/소프트볼

☐ 축구

☐ 미식축구

☐ 하키

☐ 크리켓

☐ 골프

☐ 배구

☐ 테니스

☐ 배드민턴

☐ 탁구

☐ 수영

☐ 자전거

응시생 본인이 관심이 있는 항목들이 있다면, 네모 박스에 체크하면 항목 선택이 추가됩니다. '내가 얘기를 잘할 수 있는 항목'을 선택해야 본 시험에서도 실제 말을 좀 더 길게 할 수 있습니다. 오픽 시험은 기본적으로 발화량(말하기의 양)이 많아야 좋은 등급을 받을 수 있습니다.

◇ 오픽 설문조사 항목들을 그룹으로 묶어서 선택하면 좀 더 쉽게 대비를 할 수 있습니다.

오픽 항목들을 살펴보면 우리들의 일상생활과 아주 밀접하게 관련되어 있다는 걸 알 수 있습니다. 평소에 세계적인 가수 BTS와 같은 아이돌 그룹의 음악을 즐겨 듣는다면 '음악 감상하기'를 선택하면 되고, 로블록스, 배틀 그라운드, 롤, 리니지 등의 게임을 자주 한다면 '게임하기'를 선택하면 되겠죠.

'나의 일주일 생활 패턴'을 항목별로 묶어서 정리해 보세요. 학교에 가는 월~금요일에 '음악 감상, 친구와 문자 대화, 게임, TV 시청'의 항목들을 묶을 수 있고, 주말인 토~일요일에 '영화 보기, 사진 찍기, 리얼리티 쇼 시청하기' 등의 항목들을 묶을 수 있습니다. 그리고 여러분들의 방학이나 엄마, 아빠의 휴가 기간에 여행이나 캠핑을 간다면 '국내 여행, 해외여행, 캠핑하기' 등의 항목을 묶어서 선택할 수 있습니다. 오픽 루키 여러분들의 생활을 '주중, 주말, 방학' 이렇게 3가지 정도로 분류해서 관심이 있는 항목들을 선택한다면 본 시험에서 말하기가 훨씬 더 수월할 것입니다.

Q3 시험 난이도(Self Assessment) 선택은 무엇인가요?

실제 시험 화면에서 보이는 오픽 난이도 선택(Self Assessment) 관련 내용입니다. 난이도 1은 가장 쉬운 단계이고, 아래로 내려갈수록, 즉 난이도 6이 가장 난이도가 높은 단계입니다.

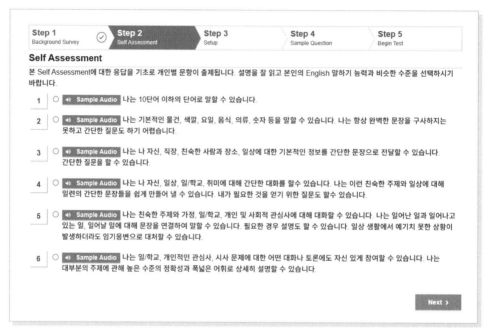

*출처: www.opic.or.kr

1. 오픽 난이도는 1~6단계로 구분되어 있습니다.
2. 1~6단계의 말하기 수준을 [Sample Audio]를 통해서 들어볼 수 있습니다.

어떤 단계의 난이도가 좋을지, 먼저 난이도 4를 선택할 목표라면 난이도 4의 'Sample Audio' 파일을 들어본 후에, 이보다 더 말을 더 잘할 자신이 있다면 난이도 5 이상을 선택하면 되고, 이보다 더 말을 잘할 자신이 없다면 난이도 3 이하를 선택하면 되며, 이 정도면 나도 할 수 있겠다는 생각이 든다면 난이도 4를 선택하면 됩니다.

오픽은 비영어권 국가, 즉 영어를 사용하지 않는 국가의 국민들이 응시하는 시험입니다. 난이도 6단계의 'Sample Answer'를 들어보면 유창하게 말은 하지만, 발음이 아주 세련되었거나 원어민처럼 잘한다는 느낌은 들지 않을 것입니다. 왜냐하면 바로 '인도 사람'이 말한 답변이기 때문입니다. 이처럼 오픽은 아주 세련된 발음이 아니더라도 얼마든지 Advanced Low, 최고 등급을 받을 수 있는 시험이라는 점을 기억하세요.

· 단계별 문항 구성 공개

구분	목표등급	문항 구성	출제 문항수
1단계	NL	· **Self-Introduction (1개)** · 2 Combo (5개) · Role Play (1개)	12개
2단계	NM		
3단계	NH~IL	· **Self-Introduction (1개)** · 2 Combo (1개) · 3 Combo (4개)	15개
4단계	IM		
5단계	IH~AL		
6단계	AL		

*출처: www.opic.or.kr

예전에 오픽 홈페이지를 통해서 공개된 공지 내용 중 일부를 캡처한 이미지입니다. 오픽 루키 여러분들의 목표 등급은 어떻게 되나요? 오픽 슈퍼 루키에 도전하려면 Intermediate High(= IH) 또는 Advanced Low(= AL) 등급을 받아야 한다는 건 잘 알고 있을 텐데요.

위 공지 내용 중에 난이도와 목표 등급을 잘 살펴보시기 바랍니다. NL이 목표 등급일 경우 1단계를 선택할 것을 권장하고, IM 이상 등급을 목표로 할 경우 4단계 선택을 권장한다는 의미입니다.

Novice Low/Mid/High 등급은 상대적으로 낮은 수준에 해당되기 때문에 오픽 루키 여러분들의 목표 등급에는 해당 사항이 아닙니다. 따라서 Intermediate Low/Mid/High 등 Intermediate 수준의 등급을 목표로 한다면 최소한 난이도 3단계 이상을 선택할 것을 추천하고 싶습니다.

난이도 1~2단계를 선택하면 총 12문항이 출제되고, 롤플레이 문제는 1문제가 출제됩니다. 그리고 난이도 3단계 이상을 선택하면 총 15문항이 출제되고, 롤플레이 문제는 총 3문제 가량이 출제됩니다. 마지막으로 난이도 5 또는 6을 선택할 경우, 오픽 시험에서 가장 어려운 문제가 출제되기 때문에 신중하게 난이도를 선택하는 게 바람직합니다.

Q4 오픽 시험 채점 화면은 어떤 모습인가요?

오픽 시험 시간 40분 동안 총 12~15개 문제에 대해서 답변을 모두 마치고 나면, 인터넷을 통해 실시간으로 답변이 전송됩니다. 답변에 대한 평가는 ACTFL 공인 평가자(Raters)가 채점을 하기 때문에 신뢰도와 객관성 이 높게 유지될 수 있습니다.

그렇다면 평가자는 한국 오픽 응시생의 어떤 정보를 토대로 채점을 하는지 궁금하지 않나요? 실제로 평가자 의 채점 화면이 어떻게 구성되어 있는지 한 번 확인해 보겠습니다.

◇ OPIc Rater 채점 화면 재구성

1234 (수험번호)

Prompt Order	Level	Script
1	Int	Can you please tell me a little bit about yourself?
2	Int	Do you have more than one job? Please describe all of the different jobs for which you work.
3	Nov	List all the activities you do at work. Reading reports… What other activities do you do?
4	Int	What types of music, artists, and composers do you enjoy singing?
5	Nov	What are the parts of the body? Name different limbs and organs.
6	Int	Identify one of the parks that you prefer. What does it look like? Where is it located?
7	Nov	What are the most common months to go to the park? April, May… Identify the months.
8	Int	Please describe your house. What is the color of the house? How many rooms does it have? What else can you tell about your house?
9	Nov	What things do you have in your living room? A sofa, a chair…. what else?
10	Int-R	The training for a new job is about to begin for you tomorrow. Contact your supervisor and leave him/her a message that asks three to four additional questions to learn to this training.
11	Int	In detail, discuss what your gym or health club is like. Where is the facility located? What does it look like? What types of things does the club have to offer its patrons?
12	Int-Q	Ask me three questions about my gym to find out if you would like to go to my gym as well.

오픽 평가자의 채점 화면이 아주 단순하죠? OPIc 시험 평가자(rater)는 위와 같은 화면을 보고 질문에 대한 답변을 듣고 오픽 시험을 평가하게 됩니다. 위 화면에는 수험자 정보를 알 수가 없습니다. 남자인지 여자인지, 학생인지 직장인인지, 어느 나라 사람인지 전혀 알 수가 없고 오직 수험번호만 확인할 수 있습니다.

메인 화면에서는 몇 문제가 출제되었는지 Prompt Order 섹션을 확인할 수 있습니다. Prompt Order는 문제의 번호이고 각 문제별로 Level이 다르게 책정되어 있습니다. 그리고 번호 옆에는 어떤 문제가 출제되었는지 영어로 된 스크립트(Script)를 확인할 수 있습니다.

1차 평가자는 모든 문항의 답변을 듣고 평가를 하고, 2차 평가자는 문항의 50%를 듣고 평가를 하며, 3차 평가자는 랜덤(random), 즉 무작위로 답변을 듣고 평가를 하여 최종 등급을 책정하게 되는 것입니다.

가끔 전혀 생각하지 못했던 문제가 출제되는 경우가 있는데요. 그렇다고 해서 답변을 아예 하지 않으면 감점 요인이 되기 때문에 때로는 선의의 거짓말로, 하지 않았던 것도 한 것처럼 얘기하면서 위기 상황을 잘 극복할 수 있어야 합니다.

오픽은 영어 말하기 능력을 평가하는 시험이기 때문에 거짓말을 했는지, 안 했는지는 중요하지 않습니다. 돌발 상황에 대한 대처 능력도 오픽 시험 평가에서 중요하기 때문에 다양한 상황들을 접하면서 꾸준한 연습이 필요합니다.

Q5 오픽은 몇 문제가 출제되고 콤보 문제는 무엇인가요?

오픽 난이도(Self Assessment) 선택에서 문항 수에 대해서 이미 설명을 드린 바가 있는데요. Intermediate 이상의 등급을 목표로 한다면 난이도 3단계 이상을 선택할 것을 권장하고 있습니다.

· 단계별 문항 구성 공개

구분	목표등급	문항 구성	출제 문항수
1단계	NL	· Self-Introduction (1개) · 2 Combo (5개) · Role Play (1개)	12개
2단계	NM		
3단계	NH~IL	· Self-Introduction (1개) · 2 Combo (1개) · 3 Combo (4개)	15개
4단계	IM		
5단계	IH~AL		
6단계	AL		

*출처: www.opic.or.kr

난이도 3~6단계에서는 항상 15문항이 출제되고, 오픽 홈페이지에서 제공한 공지사항처럼 1번 자기소개를 제외하면, 총 5개의 콤보 문제가 출제됩니다. '오픽 = 5콤보'라고 이해해 두세요.

◇ 콤보 문제

1번 자기소개에 대해서 답변을 마무리했다고 가정해 보겠습니다. 2번 문제에서 '게임하기' 문제가 출제되었다면, 3번 그리고 4번 문제도 바로 '게임하기'와 관련된 문제가 100% 출제됩니다. 즉, '2, 3, 4'번 문제가 모두 게임과 관련된 문제라는 의미인데요. 이렇게 1개의 주제와 관련해서 출제되는 문제들을 바로 콤보라고 합니다. 2~4번까지 3문제가 출제된 것이니 3콤보 문제가 되겠네요. 이런 3콤보 문제가 항상 4개(=12문제)로 비중 있게 출제됩니다.

난이도 선택에 대해서 한 가지 더 알아야 할 게 있습니다. 시험을 보기 전에 오픽 시험 난이도를 선택해야 하는데요. 총 15문제 중에서 7번 문제까지 답변을 모두 완료하면, '난이도 재조정'을 하게 됩니다. 다음 3가지를 생각하면서 난이도를 재조정하면 됩니다.

---

1. 난이도 4를 선택했는데 너무 어려울 경우 ▶ 좀 더 쉬운 질문 (난이도 3이하로 조정)

2. 난이도 4를 선택했는데 괜찮을 경우 ▶ 비슷한 질문 (난이도 4 그대로 유지)

3. 난이도 4를 선택했는데 너무 쉬울 경우 ▶ 좀 더 어려운 질문 (난이도 5이상으로 조정)

◇ 오픽 15문항 재구성

'오픽 = 5콤보'라고 앞서 소개해 드렸는데요. 15문항은 다음과 같이 출제됩니다.

2번 문제가 '게임하기'와 관련된 질문이라면, 3, 4번 문제 역시 '게임하기' 관련 질문입니다. 5번 문제가 '영화 관람'에 대해서 물었다면, 6, 7번 문제 역시 '영화 관람'과 관련된 문제가 출제됩니다. 즉, 2번, 5번, 8번, 11번, 14번 문제를 잘 듣게 된다면, 그 다음에 어떤 문제가 출제될지 완벽하지는 않지만 충분히 예상할 수 있다는 의미입니다. 다음 문제가 뭐가 나올지 미리 알고 준비하는 것과 아무 것도 모르고 준비하는 것은 아주 큰 차이이기 때문에 15문항 출제 패턴을 잘 숙지해 두시기 바랍니다.

Q6 오픽 세부 진단서는 무엇인가요?

오픽 시험을 여러 번 봤는데도 점수가 오르지 않고 계속 제 자리일 때 또는 영어 실력을 진단 받고 싶을 때,
오픽 홈페이지에서 '오픽 세부 진단서(= OPIc Diagnostic Comments)'를 신청할 수 있습니다.

*출처: www.opic.or.kr

가령 Intermediate Low 등급을 여러 번 받았을 경우, 발음, 문법, 어휘, 시제 등 부족한 부분이 네모 박스에
체크되는데요. 왜 Intermediate Low 등급을 받을 수밖에 없었는지를 정확하게 진단해 줍니다.

OPIc Diagnostic Comments

Test ID	11A223334444	→ 수험번호
Name	Hong, Gil Dong	→ 응시자성명
Language	ENGLISH	→ 응시언어
Test Date	April 5, 2014	→ 응시일
Test Results	Intermediate High	→ 성적(등급)

• Overall Comments

This candidate fully meets all criteria for the Intermediate level, and is able to perform all Intermediate-level tasks fully and with the required accuracy. In response to Advanced prompts, he was able to respond at the Advanced level, but was not able to sustain that level of performance and meet the Advanced level criteria throughout the entire test. He experienced difficulty providing the depth of description and vocabulary required at this level. For example, when he was asked to talked about changes he has observed in a neighboring country, his response was limited and did not fully answer the question. Also, in the prompt that required him to report on a news story he recently heard about a neighboring country, he once again provided a response that was limited in nature. Basic mistakes in grammar were also observed such as with subject-verb agreement and verb tense conjugation in the past and future in his narrations and descriptions. There were occasions in which a non-sympathetic listener would have had difficulty following his meaning. His answer, overall, approached that of an Advanced speaker but the level was not sustained.

응시자 등급에 대한 평가자 코멘트

*출처: www.opic.or.kr

위의 샘플 세부 진단서의 경우 Intermediate High 등급을 받았고, 왜 IH 등급을 받았는지에 대한 총평(Overall Comments)이 제공되고 있습니다. 먼저 오픽 시험은 12~15문항으로 구성되어 있다고 했는데요. 12~15문항마다 난이도가 조금씩 다르게 설정되어 있습니다. 즉, 쉬운 문제, 보통 난이도의 문제, 어려운 문제 등이 섞여서 출제된다는 의미입니다. 위 내용을 간단하게 소개하자면, 'Intermediate level'의 문제들 잘 답변했는지, 'Advanced level'의 문제들 잘 답변했는지, 그리고 어떤 문제에서 실수를 해서 Intermediate High 등급을 받게 되었는지를 평가자가 부연 설명을 해줍니다. 영어 실력을 제대로 진단받고 싶다면, 오픽 세부 진단서를 신청해 보는 게 어떨까요?

성적은 언제 발표되며, 25일 규정과 웨이버는 무엇인가요?

오픽 응시생이라면 시험 성적이 언제 발표되는지 긴장하면서 기다릴 텐데요. 오픽은 시험일 기준 5~7일 이후에 성적이 발표됩니다. 오픽은 매일 시험이 시행되기 때문에 원하는 날짜와 요일 그리고 원하는 시험 센터를 선택해서 시험을 치르면 됩니다. 매일 시험이 시행된다고 해서 매일 볼 수 있는 것은 아닙니다. 오픽 시험을 1일에 봤다면, 일주일 뒤인 7일에서 8일로 넘어가는 12시 이후에 성적이 발표됩니다.

◇ 25일 규정이란?

위에서 오픽은 매일 시험이 시행되지만, 매일 시험을 볼 수 있는 것은 아니라고 했는데요. 오픽은 25일 규정이 있기 때문입니다.

- 개발 기관인 ACTFL의 시험 규정에 따라서 OPIc에 응시한 모든 응시생은 최근 응시일로부터 25일 경과 후의 시험에 응시할 수 있습니다.
- 단, 1회에 한하여 25일 이내의 시험에 응시할 수 있는 기회가 제공되는데요. 이런 기회를 '웨이버(Waiver)' 라고 부릅니다.

1일에 오픽 시험을 봤다면, 25일 경과 후인 26일에 시험을 다시 볼 수 있다는 의미입니다. 이게 바로 오픽의 기본적인 25일 시험 규정입니다. 1일, 26일 두 번에 걸쳐서 오픽 시험을 볼 수 있고, 여기에서 25일 규정을 무시하고 웨이버를 사용하여 27~30일 중에 한 번 더 오픽 시험을 본다면, 한 달에 최대 3번까지 오픽 시험을 응시할 수 있습니다.

◇ 웨이버(Waiver)란?

25일 응시 제한 규정 면제권(25일 이내의 시험에 재응시할 수 있는 기회)이며, 웨이버를 사용한 후 150일이 지나면 다시 웨이버가 부여됩니다. 1년에 두 번 웨이버를 사용할 수 있다고 이해해 두세요.

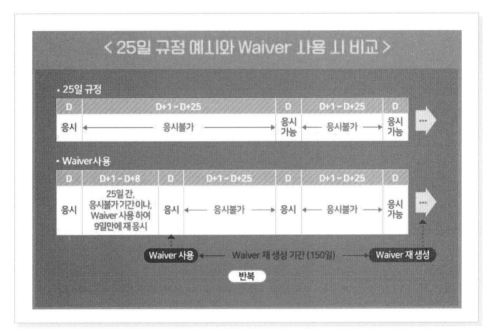

*출처: www.opic.or.kr

오픽 성적을 좀 더 빨리 받아보고 싶다면, 성적이 5일 만에 조기 발표되는 토~일요일에 시험을 응시하면 되고, 빨리 한 번 더 시험을 보고 싶다면, 웨이버를 사용해서 바로 재시험을 보면 됩니다.

Chapter

1

오픽 기본 문제 유형 5가지

오픽 시험에서는 총 12~15문항이 출제되며, 1~6단계까지 난이도가 분류되어 있는데요. 난이도가 쉬운 1~2단계에서는 12문항이 출제되고, 난이도 3~6단계에서는 15문항이 출제됩니다. 이번 Chapter에서는 오픽 기본 문제 유형 5가지를 살펴보도록 하겠습니다. 어떤 문제 유형들이 출제되는지 잘 파악해 보세요.

자기소개하기

자기소개 문제는 난이도와 상관없이 항상 1번 문제로 출제됩니다. 시험을 시작하면 1번 문제는 항상 자기소개하기 문제라고 이해하면 됩니다.

Q. Let's begin with the interview. Please tell me about yourself.

사람/사물/장소 묘사하기

오픽에서는 기본적으로 사람, 사물, 그리고 장소를 묘사해 보라는 문제가 출제됩니다. 이런 문제 유형에서는 생생하게 표현할 수 있는 형용사를 적절하게 사용하는 게 무엇보다 중요합니다.

Q1. You indicated that you enjoy going to parks in the survey. Where is your favorite park located? Please describe it in detail.

Q2. Please describe a language school where you learn a foreign language. Where is it located? How do you get to the language school?

Q3. Can you tell me about the banks in your country? Where are they traditionally located? What are their hours of operation? What are the employees like at these banks?

여러 가지 질문에 대답하기

Wh-questions이라든지 how 등의 의문사가 여러 개 등장하면서 이것저것 자세하게 물어보는 문제도 출제됩니다. 묻는 질문에 빠짐없이 답변하는 게 가장 중요하기 때문에 질문을 두 번씩 들어보는 것도 좋은 방법입니다.

Q1. How often do you play games? When and where do you like to play games? With whom do you usually play them? Tell me all the details.

Q2. How often do you normally jog? When and where do you like to jog? Do you jog by yourself, or with other people? Tell me all the details.

Q3. Provide a summary of your traditional routine when preparing to leave the house or go to work. When do you wake up? What steps are taken in order for you to prepare to get ready for the work day? What do you do first, second, next? What form of transportation do you use to get to work? Provided several details to explain your typical morning preparation and commute.

하루 일과, 일상적으로 하는 활동 등을 자세하게 말해 보라는 문제도 오픽이 좋아하는 유형입니다. 가령, 여행을 갈 계획인데, 여행을 가기 전에 인터넷 검색을 하는지, 아니면 블로그 등에서 여행 관련 내용을 찾아보는지, 서점에서 여행 서적을 보는지, 여행지 날씨는 어떤지를 확인하는지 등 여행 전에 하는 일반적인 활동들을 묻는 경우가 많습니다.

Q1. Talk about the city where you live. Explain what this city is like. What are the people like there? Please provide many details to explain your city.

Q2. What do you usually do before you go to a movie theater? What do you do after watching the movie? Please tell me about your typical day when you go to the movies.

Q3. Let's say you are preparing to take a trip somewhere. Tell me about all the things that you usually do to get ready for the trip.

5가지 유형 중에서 과거에 했던 일을 묻는 문제 유형으로 난이도가 높은 문제에 해당됩니다. 오픽에서는 시제 활용이 아주 중요하기 때문에 과거와 현재시제를 적절하게 사용할 수 있다면 높은 등급을 받을 수 있습니다. 최근 경험, 마지막 경험, 최초의 경험, 기억에 남는 경험 등 다양한 경험 관련 문제가 출제됩니다.

Q1. Have you ever worked on any important projects or assignments at school? Tell me about your last important project or assignment in detail.

Q2. Recall a particularly memorable time when you heard live music. When was it, where were you, who were you with and what exactly happened? What was that performance so unforgettable or unique to you?

Q3. When was the last time that you jogged? Where did you go jogging? Who were you with? What kinds of activities did you do before and after jogging? Please tell me about the recent jogging experience in as much detail as possible.

Let's begin with the interview. Please tell me about yourself.

인터뷰를 시작하겠습니다. 자기소개를 해 보세요.

🔆 모범 답변 ①

문제 유형 ● 자기소개하기

답변 키워드 ● 이름 ➡ 신분 ➡ 이유 ➡ 마무리

등장인물 ● 나, 에이바

이름	Hello, Ava. Nice to meet you. My name is Christine.
신분	I'm an elementary school student.
이유	Today, I am here to get OPIc Rookie. I'm a little nervous, but I will try to do my best. One day, I want to achieve OPIc Super Rookie, too.
마무리	Wish me luck.

이름	안녕, 에이바. 만나서 반가워요. 제 이름은 크리스틴이에요.
신분	초등학생이랍니다.
이유	오늘 저는 오픽 루키를 따러 왔어요. 약간 긴장되지만, 최선을 다할 거예요. 언젠가는 오픽 슈퍼 루키도 성취하길 원해요.
마무리	행운을 빌어 줘요.

어휘 • elementary school 초등학교 • nervous 긴장되는 • do one's best 최선을 다하다 • achieve 달성하다

💡 모범 답변 ②

답변 키워드 ● 이름 ⊙ 신분 ⊙ 이유 ⊙ 마무리
등장인물 ● 나, 에이바

이름	→ Hi, Ava. Glad to talk to you. I am Christine. 오픽루키 Tip
신분	→ I'm currently a student of Se-Hwa Girl's middle school.
이유	→ I came to achieve OPIc Rookie. I will demonstrate my best English. I'm going to accomplish OPIc Super Rookie as well.
마무리	→ Please, good luck to me. Thanks.
이름	• 안녕, 에이바. 대화하게 되어 기뻐요. 전 크리스틴이에요.
신분	• 저는 현재 세화 여자 중학교 학생이에요.
이유	• 오픽 루키를 달성하러 왔어요. 저의 최선의 영어 실력을 보여 줄 거예요. 저는 오픽 슈퍼 루키도 물론 달성할 거예요.
마무리	• 행운을 빌어 줘요. 고마워요.

어휘 • currently 현재 • middle school 중학교 • achieve 달성하다

오픽 루키 Tip 친구처럼 대화하기

Hi, Ava. Glad to talk to you. I am Christine.

➕ 오픽 시험 화면에서 보이는 '여자 아바타 = Ava(에이바)'는 면접관 선생님이라고 이해할 수 있어요. 면접관 선생님이라고 해서 너무 긴장하면서 답변하지 말고, 친구와 대화하듯이 편하게 답변하면 좀 더 높은 등급을 받을 수 있을 거예요.

> **You indicated that you enjoy going to parks in the survey. Where is your favorite park located? Please describe it in detail.**
>
> 설문조사에서 공원에 가는 걸 좋아한다고 했습니다. 가장 좋아하는 공원은 어디에 있나요? 그 공원을 자세하게 묘사해 보세요.

💡 모범 답변 ①

문제 유형 ● 장소 묘사하기
답변 키워드 ● 횟수 ◐ 공원 이름 ◐ 경치 및 시설 ◐ 마무리
등장인물 ● 나

| 횟수 | → | Right. I really like to go to a park. I guess I go to the park at least three times a week. |

| 공원 이름 | → | Well... My favorite park is Han River Park. It is located along Han River. It is close to my home. |

| 경치 및 시설 | → | In the park, you can see beautiful views of the river, trees, and flowers. Plus, the park also has a lot of interesting facilities such as exercising machines, basketball courts, and even a swimming pool. |

| 마무리 | → | I love going to the Han River Park. |

| 횟수 | → | 맞아요. 저는 공원 가는 것을 정말 좋아해요. 일주일에 최소한 세 번은 가는 것 같아요. |

| 공원 이름 | → | 음... 제가 가장 좋아하는 공원은 한강 공원이에요. 한강을 따라 위치해 있죠. 집에서도 가까워요. |

| 경치 및 시설 | → | 공원에서는 강, 나무, 꽃들의 아름다운 경치를 볼 수 있어요. 게다가 공원은 운동 기구, 농구 코트, 심지어 수영장 같은 흥미로운 시설들도 많이 갖추고 있어요. |

| 마무리 | → | 저는 한강 공원에 가는 것을 좋아해요. |

어휘 • at least 최소한, 적어도 • favorite 가장 좋아하는 • facility 시설 • such as ~와 같은
• swimming pool 수영장

답변 키워드 ● 횟수 ◐ 공원 이름 ◐ 경치 및 시설 ◐ 마무리
등장인물 ● 나

> 횟수 → You are right. I really enjoy going to go to a park. I think I go to the park almost every weekend.

> 공원 이름 → Well... The park I like to hang out the most is Seoul Forest Park. It is in the middle of Seoul. It takes about 10 minutes from my home by bus.

> 경치 및 시설 → In the park, you can observe a variety of wonderful trees, and flowers. Plus, the park also has a lot of astonishing places such as a giant square, a botanical garden, and even a deer pen. 오픽 루키 Tip

> 마무리 → I can't wait to visit there again.

> 횟수 → 맞아요. 저는 공원 가는 걸 정말 즐겨요. 거의 매주 주말 공원에 가는 것 같아요.

> 공원 이름 → 음... 제가 시간 보내기 가장 좋아하는 공원은 서울 숲 공원이에요. 서울의 가운데에 있어요. 저희 집에서 버스로 10분 정도 걸려요.

> 경치 및 시설 → 공원에선 다양하고 멋진 나무들과 꽃들을 볼 수 있어요. 게다가 공원은 또한 거대한 광장, 식물원 심지어 사슴 우리 같은 정말 놀라운 곳들이 많아요.

> 마무리 → 얼른 다시 또 방문하고 싶네요.

어휘 • hang out 시간을 보내다 • in the middle of ~의 가운데에 • by bus 버스로 • observe 보다, 관찰하다
• a variety of 다양한 • astonishing 놀라운, 믿기 힘든 • botanical garden 식물원 • pen (가축의) 우리

오픽 루키 Tip 대화 확장하기

Plus, the park also has a lot of astonishing places such as a giant square, a botanical garden, and even a deer pen.

✚ 오픽은 기본적으로 발화량(말을 하는 양)이 많아야 높은 등급을 받을 수 있습니다. 말을 적게 하면 영어 실력이 좋은지, 나쁜지 채점자가 판단할 수 없기 때문입니다. 그래서 'such as', 'for example' 등을 사용해 예를 들면서 말하기의 양을 늘리는 것도 오픽 슈퍼 루키다운 아주 좋은 방법입니다.

How often do you play games? When and where do you like to play games? With whom do you usually play them? Tell me all the details.

학생은 얼마나 자주 게임을 하나요? 언제 그리고 어디에서 게임하는 걸 좋아하죠? 주로 누구와 함께 게임을 하나요? 자세하게 말해 보세요.

💡 모범 답변 ①

문제 유형 ● 여러 가지 질문에 대답하기
답변 키워드 ● 횟수 ◐ 시간 및 장소 ◐ 마무리
등장인물 ● 나

횟수	→ I play computer games as often as I can. However, I don't want to get in trouble for playing games, so I try not to play too much.
시간 및 장소	→ I usually play games at home with my brother only after I finish all my homework and clean my bedroom. I feel proud of myself.
마무리	→ I will keep being responsible and having fun playing games.

횟수	→ 저는 가능한 한 자주 컴퓨터 게임을 해요. 하지만 게임 때문에 문제가 생기는 건 원치 않아서 너무 많이는 하지 않으려고 해요.
시간 및 장소	→ 저는 보통 집에서 숙제와 방 청소를 끝내고서야 오빠/형과 게임을 해요. 제 스스로가 기특하다 생각해요.
마무리	→ 전 계속 책임감 있게 게임을 즐길 거예요.

어휘 • get in trouble 곤란에 처하다 • responsible 책임이 있는

모범 답변 ②

답변 키워드 ● 횟수 ◐ 시간 및 장소 1 ◐ 시간 및 장소 2 ◐ 마무리
등장인물 ● 나

横수 ──● Um... I normally play games at most twice a day.

시간 및 장소 ① ──● One of these times is after I come back from school and academies because I have a break time until my dinner is ready. 오픽 루키 (Tip)

시간 및 장소 ② ──● The other is after I finish all my assignments while getting ready to go to bed. At the end of the day, playing mobile games a little in the bed makes me feel relaxed.

마무리 ──● In addition, if I play with friends online, it's much more fun.

횟수 ──● 음... 저는 보통 많아 봐야 하루에 두 번 게임을 해요.

시간 및 장소 ① ──● 그중 한 번은 학교와 학원을 다녀온 후 저녁이 준비될 때까지 쉴 시간이 있어서 해요.

시간 및 장소 ② ──● 다른 한 번은 모든 과제를 끝내고 잘 준비를 하면서 해요. 하루의 마지막에 침대에서 모바일 게임을 좀 하면 스트레스가 풀려요.

마무리 ──● 게다가 친구들과 온라인으로 게임을 하면, 훨씬 더 재미있어요.

어휘 • at most 많아 봐야, 최대한으로 잡아서 • assignment 과제 • at the end of ~의 끝에, ~의 마지막에
• in addition 게다가

오픽 루키 (Tip) **다양한 접속사 활용하기**

One of these times is after I come back from school and academies because I have a break time until my dinner is ready.

✚ 1개 문장에 1개 이상의 접속사를 포함해서 말할 수 있다면 오픽 슈퍼 루키가 될 수 있습니다. 위 문장은 after, and, because, until 등의 아주 다양한 접속사가 사용된 아주 훌륭한 문장이라 할 수 있습니다. 다양한 접속사를 사용하면서 답변할 수 있어야 IH 이상의 높은 등급을 받을 수 있습니다.

Talk about the city where you live. Explain what this city is like. What are the people like there? Please provide many details to explain your city.

학생이 살고 있는 도시에 대해서 얘기해 보세요. 도시가 어떤 모습인지 설명해 보세요. 그곳에 있는 사람들은 어떤가요? 당신의 도시를 아주 자세하게 설명해 보세요.

모범 답변 1

문제 유형 ● 자세하게 설명하기
답변 키워드 ● 도시 소개 ⊙ 설명 1, 2 ⊙ 마무리
등장인물 ● 나

도시 소개	I'm glad you asked me about my city. I live in Seoul, the capital city of my country. You may have heard of it.
설명 ①	Seoul is a big city. It has various types of interesting places.
설명 ②	There is a traditional palace in the center. A couple of amusement parks and the famous Gangnam are in Seoul, too. I heard Seoul is the most populated city in South Korea.
마무리	I am proud that I live in this wonderful city.

도시 소개	제가 사는 도시에 대해 물어봐서 기뻐요. 저는 우리나라의 수도인 서울에 살아요. 아마 서울에 대해서 들어봤을 거예요.
설명 ①	서울은 큰 도시예요. 다양한 종류의 흥미로운 장소들이 있답니다.
설명 ②	도시 중심에는 고궁이 있고요. 두세 개의 놀이공원도 있고 유명한 강남도 서울에 있어요. 서울이 남한에서는 가장 인구가 많은 도시라고 들었어요.
마무리	이렇게 멋진 도시에 살아서 자랑스러워요.

어휘 • capital city 수도 • hear of ~에 대해 듣다, 소식을 듣다 • various 다양한 • interesting 재미있는
• traditional palace 고궁, 궁궐 • amusement park 놀이 공원

💡 모범 답변 ②

답변 키워드 ● 도시 소개 ◐ 설명 1, 2 ◐ 마무리
등장인물 ● 나, 에이바

> **도시 소개** → I live in Busan, the second most famous city in Korea. Since Busan is a coastal city, it has many beautiful beaches.

> **설명 ①** → Among them, the most popular one is Haeundae. Throughout the year, numerous tourists visit there. Surprisingly, it has not only beautiful sandy beaches but also lots of skyscrapers.

> **설명 ②** → When you come to Busan, you can see the harmony between the ocean and magnificent modern buildings.

> **마무리** → Ava, if you come to Korea, let me give you a tour around my city, Busan. 오픽 루키 Tip

> **도시 소개** → 저는 한국에서 두 번째로 유명한 도시인 부산에 살아요. 부산은 해안 도시라서 많은 아름다운 해변이 있어요.

> **설명 ①** → 그중에서 가장 인기 있는 것은 해운대예요. 1년 내내 셀 수 없이 많은 여행객들이 해운대를 방문해요. 놀랍게도 그곳은 아름다운 모래사장뿐만 아니라 고층 빌딩들도 많아요.

> **설명 ②** → 부산에 오면 바다와 웅장한 현대 건물들의 조화를 볼 수 있어요.

> **마무리** → 에이바, 한국에 오면 나의 도시 부산을 여행시켜 줄게요.

어휘 • second 두 번째의 • coastal city 해안 도시 • beach 해변 • throughout a year 1년 내내
• numerous 많은 • surprisingly 놀랍게도 • skyscraper 고층 빌딩 • magnificent 웅장한

오픽 루키 Tip 친구처럼 대화하기

Ava, if you come to Korea, let me give you a tour around my city, Busan.

✦ 오픽은 답변의 시작과 마무리가 중요합니다. Ava가 비록 시험 화면에서만 보이지만, 실제로 내 앞에 앉아 있다고 생각하고서, 친구처럼 편하게 대하면서 '에이바, 한국에 오면 나의 도시 부산을 구경시켜 줄게요.'라고 말하면서 답변을 마무리하는 것도 오픽 슈퍼 루키만의 좋은 답변 전략이 될 수 있습니다.

Have you ever worked on any important projects or assignments at school?
Tell me about your last important project or assignment in detail.

학교에서 중요한 프로젝트나 과제를 수행한 적이 있나요? 최근에 했던 중요한 프로젝트나 과제에 대해서 자세하게 얘기해 보세요.

💡 모범 답변 ①

문제 유형 ● 최근 경험
답변 키워드 ● 프로젝트 주제 ❍ 진행 과정 1 ❍ 진행 과정 2 ❍ 마무리
등장인물 ● 나, 에이바

프로젝트 주제	Of course, Ava. Last semester for a science class, I was guided to grow a potato. To be honest, it was my first time growing real vegetables.
진행 과정 ①	It was not that easy to take care of. I had to water it, keep the temperature right and manage the sunlight as well.
진행 과정 ②	Despite the hard work, I was thrilled to watch the potato sprout and the process of growing.
마무리	By doing the project, I could appreciate more the food I usually eat. It was such an incredible experience.

프로젝트 주제	물론이에요, 에이바. 지난 학기 과학 수업에서 저는 감자를 키워 보라는 안내를 받았어요. 솔직히 말하자면, 진짜 채소를 재배하는 건 처음 하는 일이었습니다.
진행 과정 ①	채소를 돌보는 일은 그렇게 쉽지 않았어요. 저는 물을 줘야 했고, 온도를 적절하게 유지해야 했으며, 햇빛 또한 관리해야 했습니다.
진행 과정 ②	힘든 일이었음에도 불구하고, 저는 감자의 싹과 그 성장 과정을 지켜보면서 짜릿했습니다.
마무리	그 프로젝트를 진행함으로써, 저는 제가 주로 먹는 음식에 더 감사할 수 있었습니다. 정말 대단한 경험이었습니다.

어휘 • take care of ~을 돌보다 • water 물을 주다 • manage 관리하다 • sprout 싹이 나다

답변 키워드 ● 프로젝트 주제 ⊙ 진행 과정 1 ⊙ 진행 과정 2 ⊙ 마무리

등장인물 ● 나

프로젝트 주제 ⟶ Sure, I had many important projects at school. Well, this question reminds me of one field trip to Haengjusanseong Fortress.

진행 과정 ① ⟶ In a history class, we were learning about Siege of Haengju that led our country to a victory during the Japanese invasion. Frankly speaking, I expected only fun outside the classroom.

진행 과정 ② ⟶ However, looking at the structure made by human hands to protect our country, 오픽 루키 Tip I couldn't feel more grateful to our ancestors.

마무리 ⟶ It was the most invaluable experience I could ever have.

프로젝트 주제 ⟶ 물론입니다. 저는 학교에서 중요한 프로젝트를 많이 했습니다. 음, 이 질문이 저에게 행주산성 현장 학습을 생각나게 하네요.

진행 과정 ① ⟶ 역사 수업에서 우리는 일본의 침략 중에 우리나라를 승리로 이끈 행주 대첩에 대해서 배우고 있었습니다. 솔직히 말하자면, 저는 야외 수업에서 오직 재미만 예상했었습니다.

진행 과정 ② ⟶ 그러나 우리나라를 지키기 위해서 사람의 손으로 만들어진 그 구조물을 바라보면서, 우리 선조들에게 이보다 더 감사함을 느낄 수 없었습니다.

마무리 ⟶ 지금까지 경험할 수 없었던 가장 귀중한 경험이었습니다.

어휘 • remind ~을 생각나게 하다 • field trip 현장 학습, 견학 • lead to ~로 이끌다 • invasion 침략
• human hands 인간의 손 • ancestor 조상, 선조 • invaluable 귀중한

오픽 루키 Tip 오픽 문법: 주격 관계대명사 + be동사의 생략

However, looking at the structure made by human hands to protect our country,

= However, looking at the structure which is made by human hands to protect our country,

✚ 과거분사(p.p.)가 앞의 명사를 수식할 때는 '주격 관계대명사 + be동사'가 생략된 형태로 이해해 두세요. 이와 같은 문장으로 실수 없이 말할 수 있다면 오픽 슈퍼 루키가 될 수 있습니다.

Chapter

2

오픽 롤플레이 문제 유형 3가지

자기소개하기 문제가 항상 1번 문제로 출제된다면, 롤플레이 문제(=역할 연기 문제)도 어느 정도 정해진 번호로 출제됩니다. 난이도에 따라서 조금씩 다르기 때문에 난이도에 따라서 준비를 해야 합니다. 롤플레이는 특정 상황을 가정해서 '이런 상황이라 가정해 보고, ~을 해 보세요'라는 문제이기에 '역할 연기', '상황 연기' 등으로 불리기도 합니다.

면접관에게 여러 가지 질문하기

롤플레이 유형 첫 번째 문제는 바로 '면접관(시험 화면에 보이는 여자 아바타, 이름은 Ava)에게 3~4가지 질문 하기'입니다. 난이도 1~2를 선택하면 12번 문제로 출제되고, 난이도 3~4를 선택하면 15번 문제로 출제되며 난이도 5 또는 6에서는 출제되지 않습니다. 모든 오픽 문제 중에서 'I = 나'가 등장하는 유일한 문제 유형입니다. 사전 설문조사에서 선택한 항목과 관련된 문제들이 출제되기 때문에 '영화 관람'을 선택했다면 영화와 관 련된 문제가 출제될 가능성이 높습니다. 롤플레이 3가지 문제 유형 중에서 가장 쉬운 문제에 해당됩니다.

Q1. I also like to see movies. Ask me three to four questions about the movie I saw recently.

Q2. I am a violin player in an orchestra. In order to learn more about my violin playing, ask me three to four questions.

Q3. I like to travel around my own country as well. Please ask me three questions about why I like travelling in America so much.

Q4. I live in a house in America. Please ask me 3 questions to find out more about my house.

 특정 대상 및 특정인에게 여러 가지 질문하기

유형 ❶의 여러 가지 질문하기의 업그레이드 버전으로 오픽 문제 중에서 난이도가 높은 어려운 문제에 속합니 다. Intermediate 이상의 등급을 받으려면 롤플레이 문제에 대해서 답을 잘해야 합니다. 난이도 1~2단계에 서는 10번 문제로 출제되고, 난이도 3~6단계에서는 11번 문제로 출제됩니다. 어떤 특정 상황이 주어지고, 특 정인 또는 특정 장소(매표소)에 직접 전화를 하거나 녹음 메시지를 남겨서 궁금한 점 3~4가지를 물어보라는 게 이 문제의 공통적인 패턴입니다. 유형 ❷와 유형 ❸은 1세트이므로 문제의 패턴을 정확하게 이해하는 게 아 주 중요합니다.

Q1. I'm going to give you a situation and ask you to role play it. Assume that your friend bought a book which you have been interested in. Ask him or her at least three questions about the book.

Q2. I'm going to give you a situation and ask you to role play it. You would like to take a friend of yours to a concert for his/her birthday. Contact the ticket office and ask three to four questions regarding this event prior to buying the tickets.

Q3. CI'm going to give you a situation and ask you to role play it. You buy a product at the shop, but once you return home, you discover that the product is broken. You telephone the shop in order to tell them about the problem. Describe the problem and tell them what you want the shop to do about to fix it.

유형❸은 앞서 살펴본 유형❶. 유형❷와는 조금 다른 유형으로 '질문하기'보다는 '어떤 상황이나 문제를 해결하기' 유형이라 할 수 있습니다. 난이도 1~2단계에서는 출제되지 않으며, 난이도 3~6단계에서는 12번 문제로 항상 출제됩니다. 유형❷와 유형❸이 1세트라고 앞서 말씀 드렸는데요. 유형 3은 항상 어떤 문제가 발생하게 되고, 그 문제를 어떤 방식으로 해결해 보라는 게 문제 패턴의 핵심입니다.

Q1. I'm sorry, but there is a problem which I need to ask you to resolve. You borrowed the book from your friend, but you mistakenly spilt water on it. Call your friend and explain the situation. Then, give two alternatives in order to handle this matter.

Q2. Mention if you have ever been forced to miss a performance or show that you really hoped to attend. Provide background as to where and when this happened and who was with you. Also, provide a detailed account of the situation in regard to everything that happened.

Q3. Can you remember a time when you purchased a product that malfunctioned or was broken? Describe the item you bought and what the problem with it was, and explain to me how you resolved the problem.

> **I also like to see movies. Ask me three to four questions about the movie I like.**
>
> 저 또한 영화 보는 걸 좋아합니다. 제가 좋아하는 영화에 대해서 3~4가지 질문해 보세요.

💡 모범 답변 ①

문제 유형 ●	면접관에게 여러 가지 질문하기
답변 키워드 ●	간단한 대답 ◑ 질문 1, 2, 3 ◑ 마무리
등장인물 ●	나, 에이바

간단한 대답 → Wow, really? I am happy to hear that you also like to see movies.

질문 ① → What kinds of movie genres do you like the most? I prefer comedy and hero movies. I am a big fan of Disney series.

질문 ② → Where do you usually watch movies? I watch movies on TV, but I love going to a theater as well. It's more fun.

질문 ③ → Who do you normally enjoy the film with? I mostly visit the cinema with my family.

마무리 → I hope we can hang out at a movie theater sometime.

간단한 대답 → 와우, 정말이요? 당신 역시 영화 보는 걸 좋아한다니 기쁘네요.

질문 ① → 당신은 어떤 영화 장르를 가장 좋아하나요? 저는 코미디와 히어로 영화를 선호합니다. 저는 디즈니 시리즈의 광팬이에요.

질문 ② → 당신은 주로 어디에서 영화를 보나요? 저는 TV에서 영화를 보지만, 영화관에 가는 것도 역시 좋아합니다. 극장이 더 재미있거든요.

질문 ③ → 당신은 보통 누구와 함께 영화를 즐기나요? 저는 대체로 가족들과 함께 극장에 가요.

마무리 → 저는 언젠가 우리가 영화관에서 시간을 보낼 수 있기를 바랍니다.

어휘 • genre 장르 • be a big fan of ~을 정말 좋아하다, ~의 광팬이다 • film 영화 • mostly 대체로

답변 키워드 ● 간단한 대답 ➡ 질문 1, 2, 3 ➡ 마무리
등장인물 ● 나, 에이바

간단한 대답 ⟶ What a coincidence! It is cool that you also like to see movies. I am pleased that we have something in common.

질문 ① ⟶ How often do you watch movies a week? 〔오픽 루키 Tip〕 I see films very often. Thanks to many streaming websites like Netflix, I can enjoy countless interesting films.

질문 ② ⟶ Do you like horror movies? Actually, I am not a horror movie person. They're so scary. I scream a lot and get a sore throat.

질문 ③ ⟶ What is the most memorable movie in your life? Mine is *Iron Man*.

마무리 ⟶ I love every single movie of the Marvel series.

간단한 대답 ⟶ 이런 우연이 있군요! 당신 역시 영화 관람을 좋아한다니 멋지네요. 우리가 뭔가 공통점이 있다는 게 기쁩니다.

질문 ① ⟶ 당신은 일주일에 얼마나 자주 영화를 보나요? 저는 아주 자주 영화를 봐요. 넷플릭스와 같은 많은 스트리밍 웹 사이트 덕분에 셀 수 없이 많은 재미있는 영화를 즐길 수 있습니다.

질문 ② ⟶ 당신은 공포 영화를 좋아하나요? 저는 사실 공포 영화를 좋아하지 않아요. 공포 영화는 너무 무서워요. 소리를 많이 지르게 되어서 목이 아파요.

질문 ③ ⟶ 당신의 인생에서 가장 기억에 남는 영화는 무엇인가요? 저는 '아이언맨'이에요.

마무리 ⟶ 저는 마블 영화 시리즈의 모든 영화를 좋아합니다.

어휘 • countless 셀 수 없이 많은 • horror movie 공포 영화 • memorable 기억에 남는

오픽 루키 Tip **롤플레이 - 실제 전화하듯이 묻고 말하기**

How often do you watch movies a week?

➕ 면접관에게 위와 같이 질문을 하고, 질문했던 내용에 대해서 "I see films very often. Thanks to many streaming websites like Netflix, I can enjoy countless interesting films."와 같이 나에 대한 얘기, 나와 관련된 내용을 자연스럽게 이어 간다면 롤플레이 문제에서 플러스(가점) 요인이 될 수 있습니다.

I'm going to give you a situation and ask you to act it out. Assume that your friend bought a book which you have been interested in. Ask him or her at least three questions about the book.

제가 상황을 드릴 테니, 그 상황을 역할 연기해 보세요. 학생이 관심이 있었던 책을 당신의 친구가 샀다고 가정해 볼게요. 그 책에 대해서 친구에게 최소한 세 가지 질문을 해 보세요.

🔅 모범 답변 ①

문제 유형	● 특정 대상 및 특정인에게 여러 가지 질문하기
답변 키워드	● 상황 설명 ◐ 질문 1, 2, 3 ◐ 마무리
등장인물	● 나, 톰

상황 설명	Hey, Tom. I heard you recently bought a new book. Do you know what? I am very interested in the book. Can I ask you some questions about the book?
질문 ①	Firstly, did you read that book? I want to hear about the book from someone who read it.
질문 ②	If you read it, is it interesting? I heard that book is the most popular these days.
질문 ③	On top of that, can I borrow it after you finish reading? I can lend you another famous book if you want.
마무리	Thank you. It's very sweet of you.

상황 설명	안녕, 톰. 네가 최근에 새 책을 샀다고 들었어. 너 그거 알아? 내가 그 책에 정말 관심이 있거든. 그 책에 대해서 좀 물어봐도 될까?
질문 ①	먼저, 그 책 읽었니? 그 책을 읽어본 사람에게서 그 책에 대해서 들어보고 싶어.
질문 ②	만약 읽어 봤다면, 그 책 재미있니? 요즘에 그 책이 가장 인기가 많다고 들었어.
질문 ③	그리고 그 책 다 읽고 나면 내가 좀 빌릴 수 있을까? 네가 원하면, 다른 유명한 책을 빌려줄 수 있어.
마무리	고마워. 너는 정말 다정하다.

🔆 모범 답변 ②

답변 키워드 ● 상황 설명 ◎ 질문 1, 2, 3 ◎ 마무리
등장인물 ● 나, 안젤라

상황 설명 ⟶ Hi, Angela. I am excited that you got the book we have been interested in for long time.

질문 ① ⟶ Where did you buy the book? I know it is hard to get the book even on the internet. <u>When I checked last time, they were all out of stock.</u>
오픽 루키 Tip

질문 ② ⟶ What chapter are you reading? Make sure you don't overlook chapter 5. I was told it's the main part.

질문 ③ ⟶ <u>Can you exchange the book for the one that you asked for yesterday?</u>
오픽 루키 Tip I will take best care of the book.

마무리 ⟶ Thank you so much. You are the best!

상황 설명 ⟶ 안녕, 안젤라. 우리가 오랫동안 관심을 가졌던 그 책을 네가 얻었다니 너무 신이 나.

질문 ① ⟶ 그 책 어디에서 산 거야? 인터넷에서조차 그 책을 구하기가 힘들다고 알고 있거든. 내가 마지막으로 확인했을 때 그 책이 모두 품절이 되었었어.

질문 ② ⟶ 너 어떤 챕터를 읽고 있는 거야? 챕터 5를 못보고 넘어가지 않도록 해. 그게 메인 파트라고 들었거든.

질문 ③ ⟶ 네가 어제 물어봤던 그 책하고 네가 읽고 있는 그 책하고 교환할 수 있어? 내가 그 책을 귀중하게 여길게.

마무리 ⟶ 정말 고마워. 네가 최고야!

어휘 • be out of stock 재고가 없다, 재고가 바닥나다 • overlook 못 보고 넘어가다 • exchange 교환하다, 바꾸다

오픽 루키 Tip 다양한 접속사 활용하기

When I checked last time, they were all out of stock.
Can you exchange the book for the one that you asked for yesterday?

✚ 2개의 문장을 1개의 문장으로 합쳐 주는 게 바로 접속사입니다. 여기에서는 시간의 접속사 when과 관계대명사 that 등을 골고루 사용하였습니다.

I'm sorry, but there is a problem which I need to ask you to resolve. You borrowed the book from your friend, but you mistakenly spilt water on it. Call your friend and explain the situation. Then, give two alternatives in order to handle this matter.

죄송하지만, 학생이 해결해 주길 바라는 문제가 있어요. 학생이 친구에게 그 책을 빌렸는데, 실수로 책 위에 물을 엎질렀어요. 친구에게 전화해서 현재 상황을 설명해 보세요. 그리고 나서 이 문제를 해결할 수 있도록 두 가지 대안을 제시해 보세요.

모범 답변 ①

문제 유형 ● 특정 문제 상황에 대한 대안/해결책 제시
답변 키워드 ● 인사 ◐ 문제 설명 ◐ 대안 1, 2 ◐ 마무리
등장인물 ● 나, 톰

인사	Hello, is this Tom? This is Christine. How are you doing today?
문제 설명	Tom, I have something to tell you. Well... You know the book you lent me yesterday. I am very sorry I spilt some water on the cover.
대안 ①	Can I buy you a new one? I don't think there will be any stain since it's just water. However, I don't want to make you feel bad.
대안 ②	Or can I clean it up and give it back to you but with a small gift? I know you wanted to have the game card.
마무리	Thank you for forgiving me for this accident. I love you.

인사	여보세요, 톰이니? 나 크리스틴이야. 오늘 뭐 했어?
문제 설명	톰, 말할 게 있는데. 네가 어제 빌려준 책 있잖아. 정말 미안한테. 내가 표지에 물을 쏟아 버렸어.
대안 ①	새 책으로 사줄까? 그냥 물이라서 다른 얼룩은 없을 거야. 하지만 네 기분을 상하게 하고 싶지 않아.
대안 ②	아니면 내가 책을 깨끗하게 해서 작은 선물과 함께 되돌려줘도 될까? 게임 카드를 가지고 싶어 했잖아.
마무리	이번 일을 용서해 줘서 고마워. 사랑해.

💡 모범 답변 ②

답변 키워드 • 인사 ◐ 문제 설명 ◐ 대안 1, 2 ◐ 마무리
등장인물 • 나, 안젤라

| 인사 | → | Hey, Angela. This is Christine. Do you have a minute to talk? |

| 문제 설명 | → | I am sorry to tell you this over the phone, but it's urgent. 오픽루키 Tip I have something to apologize for. I am terribly sorry I poured some water on the book you lent me. 오픽루키 Tip I should have been more careful. I really want to make it up to you. |

| 대안 ① | → | Can you tell me the website where you bought the book? I will buy you a new one. |

| 대안 ② | → | How about I take you on a trip? I know it was precious to you, so I will do anything to make you feel better. |

| 마무리 | → | Thank you. You are so generous. |

| 인사 | → | 안녕, 안젤라. 나 크리스틴이야. 잠깐 얘기 좀 할 수 있을까? |

| 문제 설명 | → | 전화로 말해서 미안한데, 급한 거라서. 사과할 것이 있어. 정말 미안한데, 네가 빌려준 그 책에 내가 물을 쏟아 버렸어. 내가 좀 더 조심했어야 했는데. 내가 꼭 보상해 줄게. |

| 대안 ① | → | 네가 그 책을 샀던 웹 사이트 좀 알려 줄래? 내가 새 책으로 사줄게. |

| 대안 ② | → | 나하고 여행을 가는 건 어때? 너한테 그 책이 정말 소중한 걸 내가 알고 있으니까. 네 기분을 더 좋게 해 줄 뭔가를 할게. |

| 마무리 | → | 고마워. 너는 정말 너그러운 친구야. |

어휘 • terribly 너무, 몹시 • pour 붓다 • precious 귀중한, 값비싼 • generous 너그러운

오픽 루키 Tip 다양한 접속사 활용하기

I am sorry to tell you this over the phone, **but** it's urgent.
I am terribly sorry I poured some water on the book **(that / which)** you lent me.

➕ 2개의 문장을 1개의 문장으로 합쳐 주는 게 바로 접속사입니다. 여기에서는 등위접속사 but과 생략된 형태의 목적격 관계대명사 that 또는 which가 쓰였습니다.

Chapter

3

나의 주중 일상생활

이번 챕터에서는 오픽 루키 여러분들이 학교에 다니면서, 월~금요일에 주로 하는 활동들에 대해서 얘기해 보려고 합니다. 평소 생활과 아주 밀접한 관계가 있는 문제 유형들이 출제됩니다.

컴퓨터, 모바일 게임은 남녀노소 누구나 즐길 수 있는 여가생활입니다. 여러분들은 어떤 게임을 좋아하나요? 학생들마다 좋아하는 게임도 조금씩 다를 텐데요. '배틀 그라운드', '로블록스', '롤', '스타크래프트' 등 여러분들이 좋아하는 게임을 하나 선택해서 오픽 시험을 준비해 보세요. 우리의 일상생활에서 쉽게 접할 수 있는 '게임하기' 항목을 설문조사에서 선택할 것을 강력하게 추천합니다.

● 게임과 관련해서 어떤 문제들이 출제되는지 한 번 살펴볼까요?

  1. 어떤 게임을 좋아하고, 누구와 함께 게임을 하나요?

  2. 좋아하는 게임 1개를 선택해서 게임하는 방법을 설명해 보세요.

  3. 게임을 어떻게 배웠고, 게임을 하면서 기억에 남는 일이 있었나요?

두 번째로 살펴볼 설문 항목은 바로 '음악 감상'입니다. 여러분들이 컴퓨터나 모바일 게임을 할 때 음악을 듣는다면, '음악 감상'은 무조건 선택해야 하겠죠. 왜냐하면 2개 항목을 함께 준비할 수 있기 때문이에요. 굳이 게임을 할 때 음악을 듣지 않더라도, 등/하교할 때, 또는 집에서 TV, 유튜브, 실시간 스트리밍 사이트를 통해서 다양한 방법으로 음악을 들을 수 있습니다.

● 음악과 관련해서도 어떤 문제가 등장하는지 알아보겠습니다.

  1. 좋아하는 음악 장르가 무엇이고, 좋아하는 가수가 누구인가요?

  2. 음악을 평소에 어떻게 듣나요? 음악을 듣는 방법을 자세하게 말해 보세요.

  3. 어렸을 적에 좋아했던 음악과 현재 좋아하는 음악의 차이점을 얘기해 보세요.

  4. 실제로 라이브 음악을 들었던 경험을 말해 보세요.

마지막 세 번째 설문 항목은 '친구들과 문자로 대화하기'입니다. 오픽 루키 여러분들은 친구들과 평소에 어떤 방법으로 문자를 주고받나요? '메시지', '카카오톡', '페이스북', '트위터', '인스타그램' 등 텍스트로 주고받는 방법이 모두 '문자로 대화하기'입니다. 문자를 주고받는 방법이 무엇인지, 주로 누구와 문자를 하고 주고받는 문자 대화 주제는 무엇인지, 문자를 보내면서 실수를 했던 경험은 있는지 등을 묻는 문제가 오픽에서 등장하고 있습니다.

친구들과 게임을 하고, 음악을 들으면서, 카톡을 주고받는다면, 3개 설문 항목들을 한꺼번에 대비할 수 있습니다. 오픽은 설문조사에서 의무적으로 12개의 항목을 선택해야 하기 때문에 이렇게 함께 묶을 수 있는 항목들을 그룹으로 묶어서 대비하는 게 좋은 전략이라 할 수 있습니다.

● 문자 대화와 관련해서 어떤 문제가 등장하는지 알아보겠습니다.

1. 친구들과 얼마나 자주, 언제 문자를 보내나요? 문자를 보내는 이유는 뭔가요?

2. 문자를 보내는 패턴이 과거와 현재가 다른가요? 어떤 점이 다른가요?

3. 문자를 보내면서 가장 기억에 남는 경험을 한 가지 말해 보세요.

4. 가장 최근에 누구에게 문자를 보냈나요? 무슨 이유라도 있었나요? 최근 경험을 말해 보세요.

> **Q1** You indicated in the survey that you like to play games. Discuss the types of games you enjoy playing.
>
> 설문조사에서 게임을 좋아한다고 했습니다. 학생이 즐겨 하는 게임의 종류를 말해 보세요.

💡 모범 답변 **1**

문제 유형	●	게임 묘사(소개)하기
답변 키워드	●	간단한 대답 ⬥ 좋아하는 게임 1, 2 ⬥ 마무리
등장인물	●	나

간단한 대답 ➛ OMG! It's so cool! Okay, let me tell you about some types of games I enjoy playing.

좋아하는 게임 ① ➛ Firstly, do you know 'Animal Crossing' which is a Nintendo game? **오픽 루키 Tip** The characters are so cute they make me happy.

좋아하는 게임 ② ➛ Secondly, you must know this game, 'Roblox.' As you may know, it is a worldwide famous game. I like it because I can literally do and make anything in the game.

마무리 ➛ Let's meet up in the game online!

간단한 대답 ➛ 맙소사! 너무 멋지네요! 좋아요, 제가 즐겨 하는 게임의 종류를 말해 볼게요.

좋아하는 게임 ① ➛ 첫 번째, 닌텐도 게임인 '애니멀 크로싱'을 알고 있나요? 캐릭터들이 너무 귀여워서 저를 행복하게 해줘요.

좋아하는 게임 ② ➛ 두 번째, '로블록스'라는 이 게임을 분명 알고 있을 거예요. 잘 아시다시피, '로블록스'는 전 세계적으로 유명한 게임이에요. 말 그대로 게임 안에서 무엇이든 하고 만들 수 있어서 '로블록스' 게임을 좋아합니다.

마무리 ➛ 우리 게임에서 온라인으로 만나요!

어휘 • literally 문자 그대로, 말 그대로, 그야말로, 정말로 • meet up 만나다

💡 모범 답변 ②

답변 키워드 ● 간단한 대답 ⊙ 좋아하는 게임 1, 2 ⊙ 마무리
등장인물 ● 나

간단한 대답 ⟶ OMG! This would be the best question! I'd love to talk about games! Nowadays, I have several games I am into.

좋아하는 게임 ① ⟶ The very first one is 'League of Legends,' the best game ever! It's a team game, so you develop a sense of teamwork.

좋아하는 게임 ② ⟶ Another one is 'Battle Ground.' It's a battle royale game. The quality of the graphics is so good that they feel real. I have a high ranking in that game.

마무리 ⟶ You know what? There are even tournaments held! I want to take part in one someday.

간단한 대답 ⟶ 맙소사! 이건 최고의 질문일 거예요! 게임에 대해 얘기하는 게 너무 좋아요! 제가 요즘 빠져 있는 게임이 몇 개 있어요.

좋아하는 게임 ① ⟶ 바로 첫 번째는 지금까지 최고의 게임인 '리그 오브 레전드'라는 게임이에요. 팀으로 하는 게임이라서 협동심을 기를 수 있어요.

좋아하는 게임 ② ⟶ 또 다른 게임은 '배틀 그라운드'예요. 최후의 1인이 살아 남는 게임이에요. 그래픽이 너무 좋아서 현실적으로 느껴져요. 저는 랭킹이 높아요.

마무리 ⟶ 그거 알아요? 개최 중인 토너먼트 경기도 있어요! 저는 언젠가 그 경기에 참가하고 싶어요.

어휘 • nowadays 요즘 • be into ~에 빠져 있다 • battle royale 최후의 1인이 살아남는 게임

모픽 루키 (Tip) 다양한 접속사 활용하기

Firstly, do you know 'Animal Crossing' which is a Nintendo game?

➕ 접속사와 관계대명사 등을 활용해서 답변할 수 있다면 높은 등급을 받을 수 있습니다. 2개의 문장을 하나로 만들어서 답변하는 연습을 꾸준히 해 보세요.

Q2 **Where, when, and how often do you typically play such games? Further explain this interest in playing games.**

학생은 보통 어디에서, 언제 그리고 얼마나 자주 그런 게임을 하나요? 게임에 대한 관심을 자세하게 설명해 보세요.

💡 모범 답변 ①

문제 유형	● 여러 가지 질문에 대답하기
답변 키워드	● 게임 장소 ● 게임 시간 및 횟수 ● 또 다른 게임 ● 마무리
등장인물	● 나, 친구

게임 장소	Um... I usually play 'Animal Crossing' at my friend's house because I don't have a Nintendo.
게임 시간 및 횟수	I usually play it on weekend evenings when I sleep over at my friend's house.
또 다른 게임	On other occasions, I play 'Roblox' whenever I am free. As it's a mobile game, all I need is a smart phone and the internet.
마무리	To tell you the truth, I played it on the way here, too. It helped me to relax before the test.

게임 장소	음... 저는 닌텐도를 가지고 있지 않아서 보통 친구 집에서 '애니멀 크로싱' 게임을 해요.
게임 시간 및 횟수	저는 주로 친구 집에서 자고 가는 주말 저녁에 그 게임을 합니다.
또 다른 게임	다른 때에는 제가 시간이 날 때마다 '로블록스' 게임을 해요. 그것은 모바일 게임이라서 제가 필요한 건 스마트폰과 인터넷뿐입니다.
마무리	사실대로 말씀 드리자면, 여기 시험을 보러 오는 도중에도 게임을 했어요. 시험을 보기 전에 게임을 했더니 긴장을 푸는 데 도움이 됐어요.

어휘 • sleep over 자고 가다(오다) • on other occasions 때로는

답변 키워드 ● 게임 장소 ○ 게임 시간 및 횟수 ○ 마무리
등장인물 ● 나, 친구

> 게임 장소 → I play computer games usually at home. Some of my friends go to PC cafés, but I don't like going to those very much. <u>I want to save my money and buy a really good computer next year.</u> 모픽루키 **Tip**

> 게임 시간 및 횟수 → To protect my eyes, I try not to play games for too long at a time. Playing computer games for hours is not good for our eyes. Therefore, I play them only once a day for two hours at most. However, it is so fun, I can't stop playing it.

> 마무리 → I will manage my gaming hours and health carefully.

> 게임 장소 → 저는 주로 집에서 컴퓨터 게임을 해요. 몇몇 친구들은 PC방에 가지만, 저는 PC방에 가는 것을 별로 좋아하지 않아요. 저는 돈을 모아서 내년에 정말 좋은 컴퓨터를 사고 싶어요.

> 게임 시간 및 횟수 → 눈을 보호하기 위해, 저는 한 번에 너무 오래 컴퓨터 게임을 하지 않으려 해요. 몇 시간 동안 컴퓨터 게임을 하는 것은 우리들 눈에 좋지 않아요. 그러므로 저는 하루에 1번 많아야 2시간만 게임을 해요. 하지만 게임은 너무 재미있어서 게임하는 것을 그만둘 수는 없어요.

> 마무리 → 저는 게임 시간과 건강을 신중하게 관리할 거예요.

어휘 • protect 보호하다 • at a time 한 번에 • manage 관리하다, 운영하다

모픽루키 Tip 다양한 접속사 활용하기

I want to save my money and buy a really good computer next year.

✦ 'and, but, or' 등의 등위 접속사는 가장 많이 사용하는 접속사들이라 할 수 있습니다. 등위 접속사 and는 '문장 과 문장, to부정사와 to부정사, 동명사와 동명사, 명사와 명사' 이렇게 같은 형태를 앞뒤로 취할 수 있습니다. 본래 의 문장은 "I want to save my money and (I want to) buy a really good computer next year."가 됩니 다. 앞의 want to의 to부정사 형태를 함께 취하는 문장 구조이기 때문에 'buying'을 사용했다면 틀린 문장이 되는 것입니다.

> **Q1** You indicated in the survey that you like to listen to music. Where and when do you usually listen to music? Do you go to concerts, or do you enjoy music by listening to the radio? Tell me about the many diverse ways that you enjoy music.
>
> 설문조사에서 음악을 즐겨 듣는다고 했습니다. 언제 어디에서 주로 음악을 듣나요? 콘서트에 가나요? 아니면 라디오에서 음악을 듣나요? 학생이 음악을 즐기는 다양한 방법들을 말해 보세요.

💡 모범 답변 ①

문제 유형 ● 여러 가지 질문에 대답하기
답변 키워드 ● 장소와 시간 ◯ 음악 감상 방법 ◯ 콘서트 경험 ◯ 마무리
등장인물 ● 나, 친구, BTS

장소와 시간	Uh... Usually, I listen to music at school during the breaks.
음악 감상 방법	I am a fan of BTS, so I listen to their songs with my friends through streaming applications like Melon or YouTube. YouTube is better since we can also watch the music videos. I like watching their dances, too.
콘서트 경험	I have never been to a concert because of Covid 19.
마무리	I hope to get a chance to see a BTS concert soon. It would be my dream come true.

장소와 시간	어... 저는 주로 학교에서 쉬는 시간에 음악을 들어요.
음악 감상 방법	저는 BTS 팬이라서 친구들과 멜론이나 유튜브 같은 스트리밍 애플리케이션으로 그들의 노래들을 듣습니다. 우리는 뮤직 비디오를 볼 수 있어서 유튜브가 더 좋아요. 저는 BTS의 춤을 보는 것 역시 좋아합니다.
콘서트 경험	코로나 19 바이러스 때문에 콘서트에 가 본 적이 없어요.
마무리	곧 BTS 콘서트를 볼 수 있는 기회가 있기를 바랍니다. 그것은 제 꿈이 이뤄지는 거예요.

어휘 • have been to ~에 다녀오다 • because of ~때문에

답변 키워드 ● 좋아하는 장르 ➡ 좋아하는 가수 ➡ 콘서트 경험 ➡ 장소와 시간 ➡ 마무리

등장인물 ● 나, Ed Sheeran

| 좋아하는 장르 | ➡ | Yeah, I love music especially pop songs. |

| 좋아하는 가수 | ➡ | My favorite singer is Ed Sheeran. He is such a talented singer. |

| 콘서트 경험 | ➡ | I have been to his concert once when he visited Korea in 2019. **오픽 루키 Tip** Although it was difficult to get a ticket, I eventually got one. It was a-once-in-a-lifetime experience, and the best of all time. |

| 장소와 시간 | ➡ | I always have his music on anytime I study in my room. I have also requested his song on the radio. |

| 마무리 | ➡ | I want everyone to get to know his greatness. I believe you know it. |

| 좋아하는 장르 | ➡ | 네 저는 음악을 좋아하는데요, 특히 팝송을 좋아합니다. |

| 좋아하는 가수 | ➡ | 제가 가장 좋아하는 가수는 에드 시런이에요. 그는 아주 재능이 있는 가수예요. |

| 콘서트 경험 | ➡ | 그가 2019년에 한국을 방문했을 때, 그의 콘서트에 다녀 온 적이 있어요. 티켓을 구하기가 어려웠지만, 결국 티켓을 구했습니다. 일생에 단 한 번 있을 경험이자 역대 최고의 것이었습니다. |

| 장소와 시간 | ➡ | 저는 제 방에서 공부할 때는 언제나 그의 음악을 틀어 둡니다. 또한 그의 음악을 라디오에 신청해오고 있어요. |

| 마무리 | ➡ | 그의 탁월함을 모든 사람이 알게 되기를 원합니다. 당신은 알고 있을 거라고 믿어요. |

 어휘 • talented 재능이 있는 • eventually 결국 • a-once-in-a-lifetime experience 일생에 단 한 번 있는 경험
• greatness 위대함, 탁월함

오픽 루키 Tip 정확한 시제 사용하기

I have been to his concert once when he visited Korea in 2019.

➕ 오픽에서 현재시제, 과거시제, 미래시제의 사용이 아주 중요합니다. 동사의 시제에서 실수가 많다면 Intermediate High나 Advanced Low 등급을 받기가 어렵거든요. 위 문장처럼 현재 완료시제와 과거시제를 정확하게 사용해서 답할 수 있다면 오픽 슈퍼 루키에 한걸음 더 다가갈 수 있습니다.

Q2 When were you initially interested in music? What types of music did you initially enjoy? Tell me about your musical interests from childhood until now in detail.

언제 처음으로 음악에 관심을 가지게 되었나요? 처음에는 어떤 장르의 음악을 즐겼죠? 어렸을 때부터 지금까지 학생의 음악에 대한 관심에 대해서 자세하게 말해 보세요.

모범 답변 ①

문제 유형 ● 과거 경험 얘기하기
답변 키워드 ● 시간 ◐ 친구 소개 ◐ 관심을 가지게 된 계기 ◐ 마무리
등장인물 ● 나, 친구, BTS

시간	Honestly, I got interested in music only after I got into second grade.
친구 소개	Guess what, my best friend was so fascinated with BTS. All of her stationery had faces of BTS members.
관심을 가지게 된 계기	Between every class she played their songs and told me good things about them. This is the reason why I started to like them.
마무리	Now, I feel like I can't live without their music. They are incredible.

시간	솔직히, 저는 2학년으로 올라가고 나서야 음악에 관심을 가지게 되었습니다.
친구 소개	있잖아요, 가장 친한 친구가 BTS에 푹 빠졌어요. 그녀의 모든 문구류에는 BTS 멤버들의 얼굴이 들어가 있었습니다.
관심을 가지게 된 계기	모든 수업 시간 사이에 그녀는 BTS 노래를 틀었고, 저에게 그들의 좋은 점들을 말해 줬어요. 이게 바로 제가 BTS를 좋아하기 시작하게 된 이유입니다.
마무리	지금은 BTS 음악 없이는 살 수 없을 것 같아요. 그들은 정말 놀랍습니다.

어휘 • second grade 2학년 • fascinated 매료된, 마음을 다 빼앗긴 • stationery 문구류 • without ~없이 • incredible 믿을 수 없는, 믿기 힘든, 놀라운

답변 키워드 ● 시간 ◎ 시험 기간과 음악 ◎ 음악 감상 후 변화 ◎ 시험 결과 ◎ 마무리
등장인물 ● 나, 사촌, Ed Sheeran

| 시간 | → | I initially got interested in music when I was extremely stressed out with studying. 모픽 루키 Tip |

| 시험 기간과 음악 | → | Since I want to be a doctor, as you can guess, the grades are very important. It was during an exam period, and one of my cousins suggested I listen to the album 'Divide' by Ed Sheeran. |

| 음악 감상 후 변화 | → | It was very relaxing. I could get rid of my stress and focus more on my exams. |

| 시험 결과 | → | You won't believe it, but I got better grades. |

| 마무리 | → | I recommend it to anyone. It's helpful. |

| 시간 | → | 공부에 극도로 스트레스를 받았을 때 처음으로 음악에 관심을 가지게 되었어요. |

| 시험 기간과 음악 | → | 당신이 추측하듯이, 제가 의사가 되길 원해서 등급이 매우 중요합니다. 시험 기간 중이었고, 제 사촌 중의 한 명이 에드 시런의 '디바이드'라는 앨범을 들어보라고 제안했습니다. |

| 음악 감상 후 변화 | → | 마음이 정말 편안해졌습니다. 저는 스트레스를 없앨 수 있었고, 시험에 좀 더 집중할 수 있게 되었습니다. |

| 시험 결과 | → | 당신은 믿지 못하겠지만 저는 더 높은 등급을 받았어요. |

| 마무리 | → | 저는 그 앨범을 모든 사람에게 추천합니다. 분명 도움이 됩니다. |

📖 **어휘** • exam period 시험 기간 • relaxing 편한 • get rid of 제거하다, 없애다 • focus on ~에 집중하다
• recommend 권고하다, 추천하다

📢 **모픽 루키** Tip 정확한 시제 사용하기

I initially got interested in music when I was extremely stressed out with studying.

✚ "When were you initially interested in music?"이라고 첫 번째 질문에서 'were'라는 과거시제로 묻고 있기 때문에 답변도 과거시제가 되어야 합니다. '스트레스를 받았을 때, 관심을 가지게 되었다'라는 내용상 과거시제가 어울리므로 'got interested / was extremely stressed'로 과거시제로 답해야 합니다.

Q1 You indicated in the survey that you enjoy texting your friends. Tell me who you usually send a text message. How often do you send them and when do you usually send them? Why do you usually text them? Describe your typical routine of sending text messages as much detail as possible.

설문조사에서 친구에게 문자 보내는 것을 좋아한다고 했습니다. 주로 누구에게 문자를 보내는지를 말해 보세요. 얼마나 자주 보내고, 주로 언제 보내나요? 왜 그들에게 주로 문자를 보내죠? 문자를 보내는 일반적인 루틴을 가능한 한 자세하게 말해 보세요.

💡 모범 답변 ①

문제 유형 ● 과거 경험 얘기하기
답변 키워드 ● 문자 대상 1 ➡ 시간 ➡ 이유 ➡ 문자 대상 2 ➡ 시간 ➡ 마무리
등장인물 ● 나, 아빠, 엄마

문자 대상 ①	I honestly send text messages with friends more but let me tell you about my texts with my parents.
시간	After school and academies when I move from place to place, I send messages to my mom.
이유	It's because she always worries about my safety, and she asks me to tell her where I am.
문자 대상 ②	I also text my dad often.
시간	I send text messages anytime I miss him during the daytime.
마무리	Otherwise, I can talk to him only when he gets back home from work.

문자 대상 ①	솔직히, 저는 친구들에게 문자를 더 보내지만, 제 부모님과의 문자 대화에 대해서 얘기할게요.
시간	학교와 학원을 마치고, 다른 곳으로 이동할 때 엄마에게 문자를 보냅니다.
이유	엄마는 제 안전에 대해서 항상 걱정하시기 때문이고 제가 어디에 있는지 말해 달라고 하셨어요.
문자 대상 ②	저는 아빠에게도 자주 문자를 보내요.
시간	낮 동안 아빠가 보고 싶으면 아무 때나 메시지를 보내요.
마무리	그렇지 않으면 저녁에 아빠가 일을 마치고 집에 돌아와서야 아빠와 얘기할 수 있어요.

🔬 모범 답변 ②

답변 키워드 ● 문자 보내는 시간 ◐ 문자 보내는 방법 ◐ 문자 대화 내용 ◐ 마무리
등장인물 ● 나, 친구

문자 보내는 시간 ──● I normally exchange messages all the time except when I am in class. When I wake up in the morning, the first thing I do is checking for new messages. I tend to start and end my day talking to my friends via messenger.

문자 보내는 방법 ──● In Korea, most people [모픽루키 Tip] use Kakao messenger. It's fast and has a diverse range of functions.

문자 대화 내용 ──● With my friends, we don't talk about big issues. We usually just talk about gossip. By messaging, I feel more connected with my friends.

마무리 ──● I can't imagine a world without it.

문자 보내는 시간 ──● 저는 보통 수업 중이 아니면 항상 문자를 주고받아요. 아침에 일어나서 처음으로 하는 일이 새 메시지를 확인하는 거예요. 메신저를 통해서 친구들에게 얘기하면서 하루를 시작하고 마치는 편입니다.

문자 보내는 방법 ──● 한국에서는 대부분의 사람들이 카카오 메신저를 사용해요. 그것은 빠르고 다양한 기능이 있죠.

문자 대화 내용 ──● 친구들과 큰일에 대해서 얘기하진 않아요. 우리는 그저 소문들에 대해서 이야기하죠. 메시지로 인해 친구들과 더 연결된 기분이에요.

마무리 ──● 문자 없는 세상은 상상할 수가 없어요.

 **어휘** • exchange 교환하다, 주고받다 • a diverse range of 다양한 범위의 • function 기능

모픽 루키 Tip most

most people = most of the people.

➕ 'most(형용사) people'은 '대부분의 사람들'이라는 의미이고 'most(대명사) of the people'은 '사람들 대부분'이라는 의미입니다. most 다음에 전치사 of가 나오면 the 또는 소유격 대명사가 와야 한다는 점을 기억하세요.

> **Q2** I guess the pattern of your text message has changed. In the past, who did you send a message to? Is it the same or has it changed? If it has changed, how is it different?
>
> 학생의 문자 메시지 패턴이 변해 왔을 텐데요. 과거에는 누구에게 메시지를 보냈나요? 같은가요? 아니면 변했나요? 변했다면 어떤 점이 다른가요?

모범 답변 **1**

문제 유형 ●	과거 경험 얘기하기
답변 키워드 ●	문자 대상 1 ▸ 문자 대상 2 ▸ 문자 주제 ▸ 마무리
등장인물 ●	나, 부모님, 조부모님

문자 대상 ① ─▸ Um... I think it's the same. Like I said, I usually text my parents.

문자 대상 ② ─▸ Ah, there are more people I send messages. My grandparents love messages from me.

문자 주제 ─▸ When I see beautiful view, I take a picture and send it to them. They type slowly and make many typos, but it's fun talking with them.

마무리 ─▸ This is my typical routine of sending text messages and it didn't change much.

문자 대상 ① ─▸ 음... 제 생각엔 같은 것 같아요. 말씀 드린 것처럼 저는 주로 부모님에게 문자를 해요.

문자 대상 ② ─▸ 아, 제가 메시지를 보내는 사람들이 더 있네요. 저희 조부모님은 저에게서 메시지 받는 걸 좋아하세요.

문자 주제 ─▸ 아름다운 경치를 보면 사진을 찍어서 보내 드려요. 할머니, 할아버지는 타자 치는 것이 느리시고 오타도 많이 내시지만 그분들과 얘기하는 것은 즐거워요.

마무리 ─▸ 이것이 제가 문자를 보내는 전형적인 일상이고 많이 바뀌지 않았어요.

어휘 • text 문자를 보내다 • send messages 메시지를 보내다 • typo 오타 • routine 루틴

답변 키워드 ● 문자 대상 변경 ◉ 새로운 문자 대상 ◉ 메신저의 장점 ◉ 마무리
등장인물 ● 나, 친구들

[문자 대상 변경] → In fact, the friends I usually send texts to have changed.

[새로운 문자 대상] → I moved to this school about a year ago. <u>I used to exchange messages with friends in my old school, but now, I made many new friends here and they are the ones whom I mostly talk to.</u> 모픽 루키 Tip

[메신저의 장점] → Actually, thanks to the messenger, I could adapt more easily to this new environment.

[마무리] → In short, these days, I have more conversations with my new friends than my old friends by messaging.

[문자 대상 변경] → 사실은 제가 주로 문자 보내는 친구들이 바뀌었어요.

[새로운 문자 대상] → 저는 대략 1년 전에 이 학교로 전학을 왔습니다. 이전 학교 친구들과 문자를 하곤 했지만, 이제는 여기서 많은 친구들을 사귀었고, 그 친구들과 주로 이야기해요.

[메신저의 장점] → 사실, 메신저 덕분에 이 새로운 환경에 더 쉽게 적응할 수 있었어요.

[마무리] → 간단히 말해서, 요즘은 예전 친구들보다 새로운 친구들과 문자로 더 많이 대화해요.

어휘 •exchange 교환하다, 주고받다 •thanks to ~덕분에 •adapt 적응하다

모픽 루키 Tip 정확한 시제 사용하기

I used to exchange messages with friends in my old school, but now, I made many new friends here and they are the ones whom I mostly talk to.

✚ "In the past, who did you send a message to?"라는 첫 번째 질문에서 'did'라는 과거시제로 묻고 있기 때문에 답변도 과거시제가 중심이 되어야 합니다. 단, 현재의 사실을 얘기할 때는 'they are the ones whom I mostly talk to'처럼 현재시제를 사용해야 한다는 것을 주의해야 합니다.

Chapter

4

나의 주말 일상생활

학생, 직장인 모두에게 기다려지는 시간이 바로 주말입니다. 여러분들
은 주말에 무엇을 하나요? 주중에는 학교와 학원에 다니느라 여유 시
간이 많이 없을 텐데요. 주말에는 시간이 넉넉한 편이니 TV를 볼 수
도 있고, 책을 읽을 수도 있으며, 영화를 보러 갈 수도 있습니다. SNS
에 일상생활 사진도 올리며 사람들과 정보를 주고받을 수도 있겠네
요. 이번에는 이런 주말 일상생활에 대해서 알아보겠습니다.

주제 ❶ 영화 보기

주말 일상생활 중 첫 번째는 '영화 관람'입니다. 요즘에는 영화를 꼭 극장에서만 보지는 않죠? TV를 틀어도 영화가 나오고, 휴대폰으로도 볼 수 있습니다. 넷플릭스에서도 역시 영화를 관람할 수 있습니다.

● 영화와 관련된 오픽 문제를 살펴보겠습니다.

1. 좋아하는 영화 장르가 무엇이고, 좋아하는 배우를 소개해 보세요.

2. 영화를 보기 전에 무엇을 하고, 영화가 끝나고 나서는 어떤 활동들을 하나요?

3. 좋아하는 배우의 최신 근황을 얘기해 보세요.

4. 가장 인상 깊었던 영화가 무엇인가요?

주제 ❷ TV 보기

두 번째로 살펴볼 항목은 'TV 시청'입니다. TV는 평일, 주말 상관없이 자주 볼 수 있을 텐데요. 아무래도 주말에는 TV 예능 프로그램도 많이 방송되기 때문에 주말 일상생활로 분류하였습니다. TV로 영화를 관람한다면 '영화 보기, TV 보기' 2개 항목을 한번에 공략할 수 있습니다. TV를 얼마나 많이 시청하고, 보통 언제 TV를 보는지를 묻는 질문, 가장 좋아하는 TV 프로그램을 하나 선택해서 TV 프로그램의 특징, 그리고 좋아하는 이유를 묻는 질문, 가장 기억에 남는 TV 프로그램이 무엇인지를 묻는 질문 등이 시험에 자주 등장하는 문제 유형입니다.

● TV와 관련된 오픽 문제를 살펴볼까요?

1. 자주 보는 TV 쇼가 무엇인가요? 그 TV 쇼의 어떤 점이 좋은가요?

2. 즐겨 보는 TV 쇼 하나를 선택해서, 학생이 가장 좋아하는 캐릭터가 그 쇼에서 어떤 역할을 하는지 설명해 보세요.

3. 가장 기억에 남는 TV 쇼가 무엇인가요? 어떤 점이 그 TV 쇼가 그렇게 기억에 남게 해주는 건가요?

4. 가장 최근에 시청한 TV 쇼가 무엇인가요? 그 TV 쇼는 어떤 프로그램인가요? 언제, 그리고 누구와 함께 그 TV 쇼를 봤나요?

세 번째로 살펴볼 항목은 'SNS하기'입니다. 먼저 SNS를 정리해 볼까요? 페이스북, 트위터가 SNS의 원조라 할 수 있겠죠. 그 다음으로 인스타그램, 유튜브가 있고, 한국에는 카카오스토리와 밴드 등이 있습니다. SNS는 정보를 빨리 주고받을 수도 있지만, 허위 또는 거짓 정보도 쉽게 노출이 된다는 장단점이 있습니다. 그래서 오픽에서는 좋아하는 SNS를 소개해 보라는 질문, SNS를 주로 언제하고, 어떤 내용을 올리는지를 묻는 질문, 그리고 SNS의 장단점이 무엇인지를 묻는 질문, SNS를 하면서 기억에 남거나 잊을 수 없는 경험이 무엇인지를 묻는 질문 등이 자주 출제되고 있습니다. 이렇게 주말에 할 수 있는 나의 일상생활 활동들을 여러 개로 묶어서 연습하면 오픽 시험을 좀 더 쉽고 짜임새 있게 준비할 수 있습니다.

● SNS와 관련된 오픽 문제도 살펴볼까요?

1. 한국 사람들은 주로 어떤 SNS를 이용하나요? 이유는 무엇인가요? 사람들이 일반적으로 포스팅하길 좋아하는 게 어떤 것들인가요?

2. 학생이 SNS에 주로 포스팅하는 것은 무엇인가요? 얼마나 자주 글을 올리죠? 다른 사람들의 포스팅에 학생은 어떤 댓글을 남기나요?

3. SNS를 하면서 예상치 못하거나 잊을 수 없는 경험을 한 적이 있나요? 있다면, 그게 언제였고, 어떤 일이 일어났나요? 그 경험을 자세하게 말해 보세요.

4. 가장 최근에 SNS에 올린 글은 무엇인가요? 어떤 포스팅이고, 반응은 어땠나요? 가장 최근의 SNS 경험을 말해 보세요.

Q1 **You indicated that you like to see movies in the background survey. What types of movies do you enjoy watching?**
설문조사에서 영화를 즐겨 본다고 했습니다. 어떤 종류의 영화를 즐겨 보나요?

모범 답변 ①

문제 유형 ● 영화 장르 묘사(소개)하기
답변 키워드 ● 영화 장르 ◐ 영화 캐릭터 ◐ 이유 ◐ 마무리
등장인물 ● 나

영화 장르	→ I enjoy watching mostly Disney hero movies. There are plenty of amazing characters in Disney. I like most of them and their stories.
영화 캐릭터	→ In the movies, you can see good and bad people. The good people try to help others and save the world. On the other hand, the bad people are greedy and selfish.
이유	→ When the good people do the right things and punish the bad ones, I feel excited and relieved.
마무리	→ I love watching Disney movies.

영화 장르	→ 저는 대체로 디즈니 히어로 영화를 즐겨 봐요. 디즈니에는 수많은 멋진 캐릭터들이 있어요. 저는 대부분의 캐릭터들과 그들의 스토리가 마음에 들어요.
영화 캐릭터	→ 영화에서는 착한 사람들과 나쁜 사람들이 있어요. 착한 사람들은 남들을 돕고 세상을 구하려고 해요. 반면에 나쁜 사람들은 욕심이 많고 이기적이에요.
이유	→ 착한 사람들이 옳은 일을 하고 나쁜 사람들을 벌하면, 저는 기분이 좋고 안심이 돼요.
마무리	→ 저는 디즈니 영화 보는 것을 좋아해요.

어휘 • plenty of 많은 • amazing 놀라운, 멋진 • on the other hand 반면에

답변 키워드 • 영화 장르 1 ❍ 장점 ❍ 영화 장르 2 ❍ 장점 ❍ 마무리
등장인물 • 나

| 영화 장르 ① | → I am a big fan of Marvel series. I love watching hero movies. Those heroes are really cool. |

장점 → Watching those kinds of movies is not only fun but also motivating me to live a life helping others. 모픽 루키 Tip

영화 장르 ② → Another type of movie that I like watching is comedy movies. When I feel tired from studying, I just relax on the sofa and watch them.

장점 → While I watch them, I laugh a lot and forget about the things I'm worried about.

마무리 → These are the genres of movies I prefer.

영화 장르 ① → 저는 마블 시리즈의 광팬이에요. 히어로 영화를 보는 것을 좋아해요. 그 히어로들은 정말 멋져요.

장점 → 그런 영화들을 보면 재미있을 뿐만 아니라 남들을 돕는 삶을 살도록 동기부여를 해 줍니다.

영화 장르 ② → 제가 즐겨 보는 또 다른 영화 종류는 코미디 영화예요. 공부로 지쳤을 때 그저 소파에 편하게 앉아 코미디 영화들을 봐요.

장점 → 그것들을 보는 동안 많이 웃고 걱정거리들에 대해서 잊을 수 있어요.

마무리 → 이것들이 제가 선호하는 영화 장르들입니다.

어휘 • a big fan of ~의 광팬 • motivate 동기부여를 해 주다

모픽 루키 Tip 상관 접속사 활용하기

Watching those kinds of movies is not only fun but also motivating me to live a life helping others.

✚ 'not only A but (also) B' 는 'A뿐만 아니라 B도'라는 뜻의 상관 접속사입니다. 알면 쉽지만, 모르면 실수할 수 있는 다양한 상관 접속사를 미리미리 익혀두세요!

– both A and B = A와 B 둘 다 / neither A nor B = A도 B도 아닌 (A와 B 둘 다 아닌)
– either A or B = A나 B 둘 중의 하나 / not A but B = A가 아니라 B

> **Q2** Reflect on the last movie that you went to see. Describe all of the things that you did on that particular day — before, during, and after the movie.
>
> 최근에 봤던 영화를 생각해 보세요. 영화를 보기 전에, 보는 도중에 그리고 보고 나서, 그 특별한 날에 당신이 했던 모든 일들을 말해 보세요.

💡 모범 답변 ①

문제 유형 ● 과거 경험 답변하기
답변 키워드 ● 영화 관람 시간 ○ 관람 전 활동 ○ 관람 중 활동 ○ 관람 후 활동 ○ 마무리
등장인물 ● 나, 친구들

영화 관람 시간	→ Last weekend, I and my classmates went to a theater.
관람 전 활동	→ On the morning of that day, I was excited to go to a movie theater, I woke up early and texted my friends. We first picked the time and the place to meet. We decided to meet at Coex mall to visit a stationary shop to buy some pens. After shopping, we received the tickets we booked earlier.
관람 중 활동	→ We watched the movie while eating some popcorns and soda.
관람 후 활동	→ Next, we had delicious tteokbokki and fried food before going back home.
마무리	→ I can't wait to go there again.

영화 관람 시간	→ 지난 주말에 저와 제 반 친구들이 영화관에 갔어요.
관람 전 활동	→ 그날 아침, 영화관에 갈 생각에 흥분돼서 일찍 일어나 친구들에게 문자를 보냈어요. 우리는 먼저 만날 시간과 장소를 골랐어요. 우리는 학용품점에 들러 펜을 사려고 코엑스에서 만나기로 했어요. 쇼핑 후 미리 예약해 둔 표를 받았어요.
관람 중 활동	→ 우리는 팝콘과 음료를 먹으면서 영화를 관람했어요.
관람 후 활동	→ 그 다음, 우리는 집으로 돌아가기 전에 맛있는 떡볶이와 튀김을 먹었어요.
마무리	→ 얼른 다시 또 가고 싶어요.

어휘 ● stationary shop 학용품점 ● soda 음료

답변 키워드 ● 영화 관람 시간 ➡ 관람 전 활동 ➡ 관람 중 활동 ➡ 관람 후 활동 ➡ 마무리
등장인물 ● 나, 가족

영화 관람 시간	<u>About two weeks ago, I watched a movie at a theater with my family.</u> 모픽 루키 Tip
관람 전 활동	Every month, we regularly go to the cinema. On a movie day, during the breakfast, we talk about hit movies and decide which one to watch. Then my father books the tickets on the computer. Before we go to the movies, we usually eat lunch out.
관람 중 활동	While we watch, we drink just soda and focus only on the movie.
관람 후 활동	After watching it, we go to a cafe to share feelings about the movie.
마무리	I am happy that I have this wonderful family.

영화 관람 시간	대략 2주 전에 가족들과 함께 극장에서 영화를 봤어요.
관람 전 활동	저희는 매달 정기적으로 영화관에 가요. 영화를 보는 날, 아침 식사 동안 우리는 흥행 영화에 대해 이야기하고 어느 것을 볼지 정해요. 그러면 아버지께서 컴퓨터로 티켓을 예약해요. 영화관에 가기 전에는 주로 밖에서 점심을 먹어요.
관람 중 활동	영화를 보는 동안에 우리는 음료만 마시면서 영화에 집중해요.
관람 후 활동	영화를 보고 난 후, 우리는 카페에 가서 영화에 대한 느낌을 나눠요.
마무리	저는 이렇게 멋진 가족이 있어서 행복합니다.

어휘 • regularly 정기적으로 • book 예약하다 • focus 집중하다

모픽 루키 Tip 과거시제와 과거를 나타내는 부사

About two weeks ago, I watched a movie at a theater with my family.

✚ 과거시제는 과거의 한 시점의 동작이나 상태를 나타내며 주로 과거를 나타내는 부사(구)와 함께 쓰입니다. 위 문장에서는 'ago = ~ 전에'라는 과거를 나타내는 부사가 나왔으므로 문장의 시제는 반드시 과거가 쓰여야 합니다. 'in + 과거 연도' 역시 과거를 나타내는 부사구라 할 수 있습니다.

✚ 과거를 나타내는 부사(구): yesterday, previously, last night, last Monday, last week, last weekend, last vacation, two years ago, long time ago 등.

Q1 You answered in our survey that you like watching TV shows. What are some of the TV shows you like to watch? What do you like about them?

설문조사에서 TV 쇼를 보는 걸 좋아한다고 했습니다. 즐겨 보는 TV 쇼는 무엇인가요? 그 TV 쇼들은 어떤 점이 좋은 건가요?

💡 모범 답변 ①

문제 유형 ● TV 쇼 묘사(소개)하기
답변 키워드 ● 간단한 답변 ➡ 좋아하는 TV 쇼 1 ➡ 좋아하는 TV 쇼 2 ➡ 마무리
등장인물 ● 나

간단한 답변	→ Sure, I like watching TV shows.
좋아하는 TV 쇼 ①	→ I like to watch music and comedy programs. For the music, I never miss watching 'Popular Music', which is on every Sunday afternoon. Through the show, I can watch performances of trendy singers. They are amazing.
좋아하는 TV 쇼 ②	→ Plus, I regularly watch a reality show, 'The Bro I Know.' It is so funny. That show invites singers and celebrities and plays interesting games. Sometimes I can see performances of guest singers, too.
마무리	→ Watching TV is so fun.

간단한 답변	→ 물론입니다. 저는 TV 쇼를 보는 것을 좋아해요.
좋아하는 TV 쇼 ①	→ 저는 음악과 코미디 프로그램 보는 것이 좋아요. 음악을 위해선, 매주 일요일 오후에 하는 '인기 가요' 보는 것을 놓치지 않아요. 그 쇼를 통해 유행하는 가수들의 공연을 볼 수 있어요. 그들은 굉장합니다.
좋아하는 TV 쇼 ②	→ 게다가 '아는 형님'이라는 리얼리티 쇼를 정기적으로 봐요. 이 TV 쇼는 너무 웃겨요. 그 쇼는 가수들과 유명인들을 초대해서 재미있는 게임들을 해요. 가끔 초대 가수들의 공연도 볼 수 있어요.
마무리	→ TV를 보는 것은 매우 재미있어요.

어휘 • trendy 유행하는 • amazing 굉장한, 멋진 • regularly 정기적으로 • celebrity 유명인사

🔆 모범 답변 ②

답변 키워드 ● 선호하는 TV 쇼 ➕ 드라마 특징 1 ➕ 드라마 특징 2 ➕ 선호하는 이유 ➕ 마무리
등장인물 ● 나

선호하는 TV 쇼 ⟶ I like many kinds of TV shows such as dramas and reality shows, but I prefer dramas. 오픽루키 Tip

드라마 특징 ① ⟶ The stars in the dramas are very attractive.

드라마 특징 ② ⟶ Moreover, the stories are so interesting, too. When I watch them, I feel like I am in the scenes. I see myself in the lead role and imagine what I would do in the same situation.

선호하는 이유 ⟶ I love dramas because I can indirectly experience diverse circumstances.

마무리 ⟶ They give me many different feelings as well.

선호하는 TV 쇼 ⟶ 저는 드라마와 리얼리티 쇼와 같은 다양한 종류의 TV 쇼를 좋아하지만 드라마를 더 선호해요.

드라마 특징 ① ⟶ 드라마의 스타들은 정말 매력적이에요.

드라마 특징 ② ⟶ 게다가 줄거리도 매우 흥미로워요. 드라마들을 보면 제가 그 장면들에 있는 것 같아요. 제 자신을 주인공 역할이라고 보고, 같은 상황이라면 어떻게 할지 상상해 봐요.

선호하는 이유 ⟶ 저는 다양한 상황을 간접적으로 경험할 수 있어서 드라마가 좋아요.

마무리 ⟶ 그들은 제게 다양한 기분도 들게 해 줍니다.

어휘 • attractive 매력적인 • scene 장면 • indirectly 간접적으로

오픽 루키 Tip 대화 확장하기

I like many kinds of TV shows such as dramas and reality shows, but I prefer dramas.

✚ 대화를 확장한다는 의미는 발화량(말을 하는 양)을 늘리는 것입니다. 오픽은 기본적으로 말을 많이 해야 높은 등급을 받을 수 있는 시험이에요. 그래서 'such as, for example' 등의 표현으로 적절한 예를 들면서 말하기의 양을 늘려 보세요. 말을 적게 하면 높은 등급을 받기 어렵습니다.

Q2 Pick a TV show you like to watch. Describe for me what kind of role your favorite character plays in the show.

학생이 즐겨 보는 TV 쇼를 하나 골라보세요. 학생이 가장 좋아하는 캐릭터가 그 쇼에서 어떤 역할을 하는지 말해 보세요.

💡 모범 답변 **1**

문제 유형 ● TV 쇼의 캐릭터 묘사(소개)하기
답변 키워드 ● 캐릭터 이름 ○ 캐릭터 특징 1, 2, 3 ○ 마무리
등장인물 ● 나, 강호동

캐릭터 이름	Alright. Let me tell you about Ho Dong, Kang.
캐릭터 특징 ①	He is one of the most famous MCs in Korea. He used to be a Ssireum player which is a Korean traditional wrestling sport. So, he is huge and very tall.
캐릭터 특징 ②	He is a main MC on 'The Bro I Know'. He leads the guests and the program smoothly.
캐릭터 특징 ③	Also, he is good at making funny faces.
마무리	I like every program that he is in.

캐릭터 이름	좋아요. 강호동에 대해 얘기해 줄게요.
캐릭터 특징 ①	그는 한국의 가장 유명한 진행자들 중 한 명이에요. 그는 한국 전통 레슬링 스포츠인 씨름 선수였어요. 그래서 그는 몸이 거대하고 키도 아주 커요.
캐릭터 특징 ②	그는 '아는 형님'의 주된 진행자예요. 그는 게스트들과 프로그램을 매끄럽게 이끌어요.
캐릭터 특징 ③	그는 또한 웃기는 표정들을 잘 해요.
마무리	저는 그가 참여하는 프로그램들 모두 좋아해요.

어휘 • traditional 전통적인 • smoothly 부드럽게, 매끄럽게 • be good at ~에 능숙하다

💡 모범 답변 ②

답변 키워드 ● 좋아하는 TV 쇼 ⊙ 캐릭터 이름과 특징 ⊙ 드라마 역할 ⊙ 마무리
등장인물 ● 나, 이준호

좋아하는 TV 쇼 → I will tell you about a drama that I am recently watching. Its title is 'The Red Sleeve.' It is set during the Joseon Dynasty.

캐릭터 이름과 특징 → <u>The actor that I like in the drama is Jun Ho, Lee, who is a singer and an actor.</u> 모픽루키 Tip He is a member of 2PM. He is talented at many things.

드라마 역할 → In the drama, he plays a wise prince who loves a servant girl.

마무리 → Despite their difficulties in the reality, I hope they can become a good couple and have a happy life together.

좋아하는 TV 쇼 → 제가 근래에 보고 있는 드라마에 대해 얘기해 줄게요. 드라마 제목은 "옷소매 붉은 끝동"이에요. 드라마는 조선시대를 배경으로 해요.

캐릭터 이름과 특징 → 그 드라마에서 제가 좋아하는 배우는 가수 겸 배우인 이준호예요. 그는 2PM의 멤버예요. 그는 많은 것에 재능이 있어요.

드라마 역할 → 드라마에서 그는 하인 소녀를 좋아하는 현명한 왕자 역을 해요.

마무리 → 그들의 현실적인 어려움에도 불구하고, 그 둘이 멋진 커플이 되어 함께 행복한 삶을 살길 바라요.

어휘 • Joseon Dynasty 조선 시대 • talented 재능이 있는 • servant 하인 • reality 현실

모픽 루키 Tip 관계대명사 활용하기

The actor that I like in the drama is Jun Ho, Lee, who is a singer and an actor.

✚ 위 문장에는 2개의 관계대명사 (that, who)가 포함되어 있는데요. 이처럼 한 문장에 여러 개의 접속사를 사용해서 답변할 수 있다면 오픽 슈퍼 루키가 될 수 있는 IH, AL 등급을 받을 수 있습니다. 참고로 사람 선행사를 수식해주는 주격 관계대명사는 'that, who' 두 가지 모두 사용할 수 있습니다.

Q1 **You indicated that you use social media. Which social networking sites do people in your country usually use and why? What kinds of things do they like to post in general?**

학생은 소셜 미디어를 이용한다고 했습니다. 한국 사람들은 어떤 SNS를 주로 이용하나요? 이유는요? 한국 사람들은 일반적으로 어떤 내용을 포스팅하는 걸 좋아하죠?

🔆 모범 답변 ①

문제 유형 ● SNS 묘사(소개)하기
답변 키워드 ● 인기 있는 SNS ◎ 특징 ◎ 포스팅 주제 ◎ 마무리
등장인물 ● 나, 에이바

| 인기 있는 SNS | Ava, do you know Tik Tok? You should know this application. It is hot in Korea with everyone from kids to adults. |

특징 ── One special thing about this app is that you can upload only videos. It provides tools to edit the videos easily, so anyone can make one's video in 10 minutes.

포스팅 주제 ── People usually upload short videos of themselves singing, dancing, and doing what they want to share.

마무리 ── I was surprised that there are so many talented people in the world. 오픽 루키 Tip It's awesome.

인기 있는 SNS ── 에이바, 틱톡 알아요? 이 앱을 알아야 해요. 한국에서 아이부터 어른까지 모두에게 인기가 많아요.

특징 ── 이 앱의 특별한 것 하나는 오직 영상만 올릴 수 있다는 거예요. 그것은 영상을 쉽게 편집할 수 있는 도구를 제공해서, 누구든 10분이면 자신의 영상을 만들 수 있어요.

포스팅 주제 ── 사람들은 주로 자신이 노래하거나, 춤추거나, 공유하고 싶은 것들의 짧은 영상을 올려요.

마무리 ── 전 세계에 재능 있는 사람들이 매우 많아서 놀랐어요. 정말 멋져요.

어휘 • application 애플리케이션 • hot 인기 있는 • edit 편집하다 • awesome 멋진

답변 키워드 ● 인기 있는 SNS ○ 포스팅 주제 ○ 활용 방법 1 ○ 활용 방법 2 ○ 마무리
등장인물 ● 나

인기 있는 SNS ── Instagram is absolutely the social media that people usually use in Korea. I believe you know this app.

포스팅 주제 ── People post selfies, pictures of food and attractive places.

활용 방법 ① ── Nowadays, if people want to search something, they do it on Instagram.

활용 방법 ② ── In addition, people share useful tips through videos. They show how to dress up and do the hair. I love videos of cute babies and pets the most.

마무리 ── Lastly, some people simply post their thoughts as well.

인기 있는 SNS ── 단연 한국에서는 인스타그램이 사람들이 주로 사용하는 SNS예요. 당신도 이 앱을 알 거라 믿어요.

포스팅 주제 ── 사람들은 셀카와 음식 및 매력적인 장소들의 사진들을 올려요.

활용 방법 ① ── 요즘은 사람들이 무언가를 검색하고 싶으면, 인스타그램에서 해요.

활용 방법 ② ── 게다가 사람들은 영상을 통해 유용한 팁들을 공유해 줘요. 그들은 어떻게 옷을 차려 입는지, 머리를 하는지 보여 줘요. 저는 귀여운 아기들과 애완동물들의 비디오가 가장 좋아요.

마무리 ── 마지막으로 어떤 사람들은 단순히 그들의 생각을 게시하기도 합니다.

어휘 • absolutely 확실히, 분명히 • selfie 셀피 • attractive 매력적인 • post 글을 올리다

모픽 루키 Tip 유도 부사, There is/are

I was surprised that there are so many talented people in the world.

✚ 유도부사 There is(are) 뒤에 오는 게 진짜 주어이고, 유도부사는 해석이 불필요한 가짜 주어입니다. 유도부사의 문장은 1형식인데요. There is/are 즉 동사의 단수와 복수 구분은 뒤에 오는 명사가 단수명사인지, 또는 복수명사인지에 따라서 달라집니다. 'so many talented people' 복수명사가 쓰였으므로 'there are'를 사용해야 옳습니다. 이런 문법적인 실수를 줄여야 높은 등급으로 오를 수 있습니다.

Q2 Now, tell me about what you usually post on social networking sites. How often do you post things? Plus, what kind of comments do you leave on other people's posts?

이제, 학생이 SNS에 주로 포스팅하는 것을 말해 보세요. 얼마나 자주 글을 올리나요? 그리고, 다른 사람들의 포스팅에 학생은 어떤 댓글을 남기죠?

모범 답변 ①

문제 유형 ● 여러 가지 질문에 대답하기
답변 키워드 ● 포스팅 횟수 ◑ 포스팅 주제 ◑ 마무리
등장인물 ● 나, 친구

포스팅 횟수	→ Well, once a day, I usually post pictures and videos of me and my friends. When we are at school, there are so many interesting episodes. I like to share them with more of other friends.
포스팅 주제	→ In detail, one of my friends is a good dancer. He teaches us some moves and we practice to post a video of our dance. I feel happy and confident when I see nice comments from other people.
마무리	→ I also leave good comments on others to cheer them up.

포스팅 횟수	→ 음, 저는 하루에 한 번, 주로 저와 친구들의 사진과 영상을 올려요. 학교에 있으면, 재미있는 일들이 많이 있어요. 그런 것들을 다른 더 많은 친구들과 나누는 게 좋아요.
포스팅 주제	→ 자세히 말하면, 제 친구 중 한 명이 춤을 잘 춰요. 그는 우리에게 몇몇 동작을 알려주고 우리는 연습해서 우리의 춤 영상을 올려요. 저는 다른 사람들의 좋은 댓글을 보면 행복하고 자신감이 느껴져요.
마무리	→ 저도 다른 이들을 응원하기 위해 좋은 댓글을 남겨요.

어휘 • post 포스팅하다, 글을 올리다 • share 공유하다 • practice 연습하다 • cheer up 응원하다

답변 키워드 ● 포스팅 주제 1 ⟳ 포스팅 횟수 ⟳ 포스팅 주제 2 ⟳ 코멘트 게시 ⟳ 마무리
등장인물 ● 나, 친구

| 포스팅 주제 ① | → | I am not an influencer, but I have many followers. I literally post everything in my life. I share the pictures of what I wear, eat, and do. |

| 포스팅 횟수 | → | I guess I post about ten times a day. |

| 포스팅 주제 ② | → | I upload informative things like a list of homework and supplies. 모픽 루키 Tip When I see replies from my friends saying thank you, I feel very proud of myself. |

| 코멘트 게시 | → | Besides, I write comments on my close friends' posts. |

| 마무리 | → | I was able to bond more with my friends though the communication on Instagram. |

| 포스팅 주제 ① | → | 저는 인플루언서는 아니지만, 많은 팔로워들이 있어요. 말 그대로 저는 제 삶의 모든 것을 포스팅해요. 제가 입고, 먹으며, 행동하는 사진들을 공유해요. |

| 포스팅 횟수 | → | 하루에 열 번 정도 포스트하는 것 같아요. |

| 포스팅 주제 ② | → | 저는 숙제와 준비물 목록과 같은 유익한 것들도 게시해요. 친구들로부터 고맙다는 답변을 받으면, 제 자신이 정말 자랑스럽게 느껴져요. |

| 코멘트 게시 | → | 게다가, 저는 제 친한 친구들 게시글에 댓글을 써요. |

| 마무리 | → | 인스타그램에서 소통을 통해 친구들과의 관계가 더 끈끈해질 수 있었어요. |

> **어휘** • influencer 인플루언서, 영향력을 행사하는 사람 • informative 정보가 많은, 유익한 • supplies 준비물 • besides 게다가

모픽 루키 Tip 대화 확장하기

I upload informative things like a list of homework and supplies.

✚ 무언가를 부연 설명할 때 like(~와 같이, ~처럼) 또는 such as(~처럼) 등과 같은 전치사를 적절히 활용할 수 있습니다. 부연 설명을 하거나 적절한 예를 들면서 대화를 확장할 수 있다면, 말하기의 양을 많이 늘릴 수 있습니다. 발화량이 좋아야 높은 등급을 받을 수 있다는 점을 항상 기억하세요.

Chapter

5

방학/휴가 때 나의 일상생활

이번에는 여러분들의 일상생활 중에 방학 또는 휴가 때 하는 활동들에 대해서 얘기해 보겠습니다. 방학이나 휴가 때는 보통 어떤 활동을 할까요? 여행, 해수욕장, 캠핑 등의 야외 활동들을 쉽게 떠올릴 수 있겠죠. 오픽에서도 '해변에 가기, 캠핑 가기, 국내 여행 그리고 해외여행' 이렇게 선택할 수 있는 주제들이 아주 많이 있는데, 그중 '캠핑 가기, 국내 여행, 해외여행'에 대해서 알아보겠습니다.

이제는 한국에서도 방학 기간에 캠핑을 가는 사람이 많이 늘었습니다. 가족 단위의 캠핑을 많이 가는 편인데 학창 시절에 가는 이런 캠핑은 오래 기억에 남습니다.

● 캠핑과 관련해서 어떤 문제들이 출제되는지 살펴볼까요?

1. 자주 가는 캠핑장을 묘사해 보세요.

2. 캠핑은 얼마나 자주 가나요? 주로 언제, 누구와 함께 캠핑을 가죠?

3. 캠핑장에 가면 주로 어떤 활동들을 하는지 자세하게 설명해 보세요.

4. 기억에 남는 캠핑과 관련된 경험이 있다면 얘기해 보세요.

주제 ❷ 국내 여행

그럼 국내, 해외여행에 대해서도 살펴볼까요? 초중고 루키 여러분들의 언니, 오빠, 누나, 형 그리고 엄마, 아빠들이 오픽 시험을 볼 때 가장 많이 선택하는 주제들이 바로 '국내 여행과 해외여행'입니다. 여러분들도 가족들과 함께 여행을 떠나기 때문에 여행 주제를 선택해 볼 것을 추천하고 싶습니다. 국내 여행과 해외여행을 선택할 경우, 출제되는 문제들이 비슷하기 때문에 국내 여행 1개 주제를 잘 대비해 둔다면, 해외여행까지 함께 적절하게 대처할 수 있습니다.

● 국내 여행과 관련된 질문은 다음과 같습니다.

1. 좋아하는 여행지(국내 도시, 장소)를 알고 싶습니다. 그 여행지를 자세하게 묘사해 보세요.

2. 여행을 가기 전에 어떤 일들을 하나요? 여행지를 검색하거나 블로그에서 여행 정보를 찾아보나요? 어떤 일들을 하는지 구체적으로 설명해 보세요.

3. 최근에 언제 국내 여행을 했나요? 최근 여행 경험을 자세하게 얘기해 보세요.

코로나 이후 해외여행이 쉽지 않지만 그럼에도 예전에 방문했던 나라에 대한 기억을 떠올리며 답변할 수 있습니다.

●해외여행과 관련된 질문은 다음과 같습니다.

1. 자주 가는 여행지(해외 나라, 해외 도시)를 알고 싶습니다. 그 여행지를 자세하게 묘사해 보세요.

2. 여행지에 도착하면 주로 무엇을 하나요? 관광 또는 쇼핑 또는 외식인가요? 해외여행을 가면 주로 하는 활동들을 설명해 보세요.

3. 해외에서는 얘기치 못한 일을 경험하기가 쉬운데요. 혹시 이런 경험을 했다면 해외에서 겪었던 얘기치 못한 경험을 자세하게 얘기해 보세요.

Q1 You indicated that you enjoy going camping in the survey. When do you usually go camping? Describe your favorite camping site in detail.

설문조사에서 캠핑 가는 걸 좋아한다고 했습니다. 주로 언제 캠핑을 가나요? 학생이 가장 좋아하는 캠핑장을 자세하게 묘사해 보세요.

💡 모범 답변 ①

문제 유형	● 캠핑장 묘사하기
답변 키워드	● 캠핑 시기 ◎ 캠핑 활동 1 ◎ 캠핑 활동 2 ◎ 마무리
등장인물	● 나, 선생님, 아이들

캠핑 시기	I attend 'Camping for Children' almost every summer. I started going to it when I was six.
캠핑 활동 ①	When I go there, the teachers make kids do a lot of activities. We clime up the trees, cross a single log bridge and get physical training. It's not easy, but I am proud when I finish it.
캠핑 활동 ②	At the end of the day, we have a talent show. It's so much fun.
마무리	Finally, teachers build a campfire, and we spend a meaningful time together.

캠핑 시기	저는 거의 매년 여름에 '어린이들을 위한 캠핑'에 가요. 제가 6살 때 그곳에 가기 시작했어요.
캠핑 활동 ①	그곳에 가면 선생님들은 아이들이 많은 활동들을 하게 해요. 나무를 타오르고 통나무로 된 외나무다리를 건너고 육체적인 훈련도 받아요. 그것은 쉽지 않지만, 끝내고 나면 뿌듯해요.
캠핑 활동 ②	하루의 마지막에 우리는 장기자랑을 해요. 매우 재미있어요.
마무리	마지막으로 선생님들께서 캠프파이어를 만들고, 우리는 의미 있는 시간을 함께 보내요.

어휘 • log 통나무 • physical 육체적인 • meaningful 의미 있는

답변 키워드   •   캠핑 시기 ◐ 캠핑 장소 ◐ 캠핑 활동 1 ◐ 캠핑 활동 2 ◐ 마무리
등장인물   •   나, 가족

| 캠핑 시기 |→ My family go camping from spring until Fall. We don't go camping in winter because it's cold. |

| 캠핑 장소 |→ <u>Each season has different features.</u> 모픽루키 Tip I like going camping in Gangwondo. There is a nice camping site near a valley. |

| 캠핑 활동 ① |→ When we arrive there, my father and I set up the tent right away. |

| 캠핑 활동 ② |→ During that time, my mom and sister prepare for the barbeque. |

| 마무리 |→ After dinner, we sit around the campfire and relax. I love that time. |

| 캠핑 시기 |→ 저희 가족은 봄부터 가을까지 캠핑을 가요. 겨울엔 날씨가 추워서 가지 않아요. |

| 캠핑 장소 |→ 각 계절은 다른 특징들을 갖고 있어요. 저는 강원도로 캠핑 가는 것을 좋아해요. 계곡 근처에 좋은 캠핑장이 있어요. |

| 캠핑 활동 ① |→ 우리가 거기에 도착하면, 아빠와 저는 바로 텐트를 설치해요. |

| 캠핑 활동 ② |→ 그 시간 동안 엄마와 누나는 바비큐를 준비해요. |

| 마무리 |→ 저녁 식사 후 우리는 캠프파이어 주위에 앉아 쉬어요. 그 시간이 정말 좋아요. |

어휘   • go camping 캠핑을 가다   • valley 계곡   • set up 설치하다   • prepare 준비하다   • barbeque 바비큐

모픽 루키 Tip each + 단수명사 + 단수동사

Each season has different features.

✚ 'each'는 크게 2가지 역할을 하는데요. 위 문장에서 쓰인 것처럼 'each(형용사) + 단수 명사' 형태로 명사를 수식하는 형용사 역할을 합니다. 그리고 each는 단수 명사를 수식하기 때문에 동사 역시 단수 동사가 쓰여야 합니다. 두 번째는 'each(부정대명사) + of + 복수 명사'로 대명사 역할을 할 수 있습니다. 대명사로 쓰일 경우에도 역시 단수 대명사이기 때문에 이때 역사 단수 동사를 사용해야 합니다.

Q2 **What things do you usually do before you leave for camping? What kinds of necessities do you pack in your bag? Tell me in details.**

캠핑을 하러 나서기 전에 당신은 주로 어떤 것들을 하나요? 가방에는 어떤 종류의 필수품을 챙기나요? 자세하게 말해 보세요.

모범 답변 ①

문제 유형	캠핑 전에 하는 일들 자세하게 설명하기
답변 키워드	확인 사항 ◉ 필수품 1, 2, 3 ◉ 마무리
등장인물	나

확인 사항	On the day before the camping, I double check if I have packed everything necessary.
필수품 ①	As I learned at the Scout Camping, I first make sure to take the first-aid kit. When anyone gets hurt, they come to me and ask for a Band-Aid.
필수품 ②	The next thing I don't forget to pack is sunblock. I don't want to get sunburned. The sunburned skin annoys for days.
필수품 ③	Lastly, I never forget the mosquito repellent. There are hundreds of mosquitos outside.
마무리	These are my must-pack items for camping.

확인 사항	캠핑 가기 전날에, 저는 필요한 모든 것을 챙겼는지를 두 번 확인해요.
필수품 ①	스카우트 캠핑에서 배운 것처럼 저는 우선 구급상자를 꼭 챙겨요. 누군가 다치면 저에게 와서 밴드를 찾아요.
필수품 ②	그 다음으로 까먹지 않고 챙기는 것은 선크림이에요. 저는 피부가 타는 것이 싫어요. 햇빛에 탄 피부는 며칠 동안 괴롭게 하거든요.
필수품 ③	마지막으로, 모기 퇴치제를 절대 잊지 않아요. 야외에는 수백 마리의 모기가 있어요.
마무리	이것들이 캠핑을 위한 반드시 사야 하는 물품들이에요.

어휘 • first-aid kit 구급상자 • sunblock 자외선 방지 크림, 선크림 • annoy 귀찮게 하다 • mosquito 모기

💡 모범 답변 ②

답변 키워드 ● 확인 사항 1 ⊙ 확인 사항 2 ⊙ 확인 사항 3 ⊙ 필수품 및 마무리
등장인물 ● 나, 가족

확인 사항 ① — The very first thing my family do for preparing for camping is searching a nice camp site. <u>My father googles online and asks his friends for recommendations.</u> 모픽루키 **Tip**

확인 사항 ② — Once it's selected, I check the weather and the temperature of the camp site. We avoid going camping on a cold or rainy day.

확인 사항 ③ — And then, we make a checklist to not forget anything at home.

필수품 및 마무리 — Most of all, when we go camping in a remote area, the portable gas burner is essential, or we will starve.

확인 사항 ① — 저희 가족이 가장 처음으로 캠핑을 준비하기 위해 하는 것은 좋은 캠핑장을 찾는 것이에요. 저희 아빠는 인터넷에서 검색하고 친구 분들께 추천을 받아요.

확인 사항 ② — 일단 그것이 정해지면, 제가 캠핑장의 날씨와 기온을 확인해요. 우리는 춥거나 비가 오는 날은 캠핑 가는 것을 꺼려해요.

확인 사항 ③ — 그러고 나서 어느 것도 까먹고 가지 않으려고 체크 리스트를 만들어요.

필수품 및 마무리 — 무엇보다도 인적이 드문 곳에 캠핑을 가면, 휴대용 가스 버너는 필수예요. 그렇지 않으면 우리는 굶주릴 거예요.

어휘 • prepare for ~을 준비하다 • google 인터넷을 검색하다 • recommendation 추천
• avoid ~을 피하다 • portable 휴대용의

모픽 루키 **Tip** 다양한 접속사 활용하기

My father googles online and asks his friends for recommendations.

➕ 등위 접속사 and는 and 앞뒤 모두 같은 형태를 취합니다. 예를 들면, '문장과 문장, to부정사와 to부정사, 동명사와 동명사, 명사와 명사' 이렇게 같은 형태를 취합니다. 본래의 문장을 살펴볼까요?

My father googles online and (my father) asks his friends for recommendations.

➕ 앞뒤 문장의 주어가 같을 경우 and 뒤에는 주어가 생략된 형태로 바로 동사를 취할 수 있습니다. 'asking, asked, to ask' 등이 쓰였다면 틀린 문장이 되기 때문에 and를 사용할 때는 앞뒤 형태가 같아야 한다는 점을 꼭 기억하세요.

Q1 **You indicated in the survey that you go on domestic trips. Discuss a place you enjoy traveling to and the reasons why you like going there.**

설문조사에서 국내 여행을 한다고 했습니다. 학생이 즐겨 가는 여행 장소 몇 군데와 그곳에 가는 걸 왜 좋아하는지, 이유를 말해 보세요.

모범 답변 ①

문제 유형 ● 여행 장소 묘사(소개)하기
답변 키워드 ● 여행 장소와 이유 ● 활동1, 2 ● 마무리
등장인물 ● 나, 가족, 에이바

여행 장소와 이유	On every holiday, my family travels to many places. **오픽 루키 Tip** We usually go to beaches. It's because my big brother and I like to swim.
활동 ①	When we go to the beaches, we always take swimming suits and tubes. It is so fun to play in the ocean.
활동 ②	After we hang out in the water for about two hours, we also play volleyball on the sandy beach. My parents and brother are good volleyball players. I want to be as good as they are.
마무리	Ava, I hope we can go on a trip to a beach together sometime.
여행 장소와 이유	매 휴가 때마다 우리 가족은 많은 곳을 여행해요. 우리는 주로 해변을 갑니다. 저희 오빠와 제가 수영하는 것을 좋아하기 때문이에요.
활동 ①	해변에 가면, 우리는 언제나 수영복과 튜브를 가져가요. 물에서 노는 것은 정말 재미있어요.
활동 ②	물에서 2시간 정도 놀고 나서, 우리는 모래사장에서 배구도 해요. 저희 부모님과 오빠는 배구를 잘해요. 저도 그들처럼 잘하고 싶어요.
마무리	에이바, 언젠가 함께 해변에 놀러 갈 수 있기를 희망해요.

어휘 • swimming suit 수영복 • hang out ~에서 시간을 보내다

💡 모범 답변 ②

답변 키워드 ● 여행 장소와 활동1 ◐ 활동2, 3 ◑ 마무리

등장인물 ● 나, 가족, 친구 가족

여행 장소와 활동 ① → In winter, my family and some of my friends' families go to a ski resort. At first, skiing was a little scary, but now I can enjoy it.

활동 ② → Since my sister is still too young, she doesn't ski, but rides a sled with my mom.

활동 ③ → Moreover, every time we go there, we always build a snowman together. We make the face with wood branches around. We also put a muffler on it, too.

마무리 → When I see the pictures of us with the snowman, that reminds me of the enjoyable trip.

여행 장소와 활동 ① → 겨울에 우리 가족과 친구들의 가족들이 스키장이 가요. 처음엔 스키가 무서웠지만, 지금은 즐길 수 있어요.

활동 ② → 제 여동생은 아직 너무 어리기 때문에 스키를 탈 수 없지만 엄마와 함께 눈썰매를 타요.

활동 ③ → 게다가, 스키장에 갈 때마다 우리는 함께 눈사람을 만들어요. 우리는 주변의 나뭇가지로 얼굴을 만들어요. 목도리를 해 주기도 해요.

마무리 → 눈사람과 찍은 우리의 사진들을 볼 때면, 즐거웠던 여행이 생각나요.

어휘 • scary 무서운 • ride a sled 눈썰매를 타다 • snowman 눈사람 • muffler 목도리

🏆 토픽 루키 Tip every + 단수명사

On every holiday, my family travels to many places.

✚ 앞에서 'each'에 대해서 살펴봤죠? 'every'와 'each'의 차이점이 있다면 'every'는 명사를 수식하는 형용사로만 쓰일 수 있다는 것입니다. 'every + 단수명사' 이 형태를 꼭 알아두세요.

'every + 복수명사: 매 ~마다'로 쓰일 경우에는 두 가지 형태가 될 수 있는데요. 'every + 수사 + 복수명사' 형태 그리고, 'every + 기수 + 단수명사' 형태입니다.

The Olympic Games take place **every four years**.

= The Olympic Games take place **every fourth year**.

올림픽 게임은 매 4년마다 개최됩니다. (4년에 한 번)

주제 ② 국내 여행

> **Q2** Reflect upon some of the trips that you went on during your younger years. Explain where you went, who went on the trips with you, and the things that you saw while on the trip.
>
> 어렸을 때 떠났던 여행을 좀 떠올려 보세요. 어디에 갔고, 누구와 여행을 갔으며, 여행을 하면서 봤던 것들을 설명해 보세요.

💡 모범 답변 ①

문제 유형 ● 어렸을 적 여행 경험에 대해 답변하기
답변 키워드 ● 여행 장소와 시간 ◐ 활동 1 ◐ 활동 2 ◐ 마무리
등장인물 ● 나, 반 친구들

[여행 장소와 시간] When I was young, I went to on a trip to Gyeongju at school. All the students in my grade traveled together. It was first trip at school, I was really excited.

[활동 ①] Gyeongju is famous for many historic sites. We explored most of the places and learned histories as well.

[활동 ②] I remember that I bought a key ring at a souvenir shop. It had a charm of a Hahoetal which is a type of Korean traditional mask.

[마무리] It was such a wonderful trip.

[여행 장소와 시간] 제가 어렸을 때 학교에서 경주로 여행을 갔어요. 저희 학년의 모든 학생들이 함께 여행을 했어요. 학교에서의 첫 여행이어서 매우 설렜어요.

[활동 ①] 경주는 유적지로 유명한 곳이에요. 우리는 대부분의 장소를 탐방하고 역사도 배웠어요.

[활동 ②] 기념품 가게에서 열쇠고리를 산 것이 기억나요. 열쇠고리에는 한국 전통 가면인 하회탈이라는 장식품이 달려 있었어요.

[마무리] 매우 멋진 여행이었어요.

어휘 • go on a trip to ~로 여행을 떠나다 • be famous for ~로 유명하다 • historic sites 유적지 • key ring 열쇠고리

답변 키워드 ● 여행 장소와 시간 ➡ 여행 장소 소개 ➡ 활동 ➡ 마무리
등장인물 ● 나, 반 친구들

여행 장소와 시간 ➡ In the first year of my high school, my school went on a trip to Mt. Geumgang.

여행 장소 소개 ➡ I'm not sure if you know that, but it is in North Korea. <u>Even though North Korea is a part of Korea, we can't go there since we're in the middle of a war.</u> 모픽 루키 Tip

활동 ➡ However, we had a good chance to travel the mountain. The scenery of the mountain was so beautiful it was breathtaking. We climbed up the mountain for hours. On top of the mountain, I could see the world at a glance.

마무리 ➡ It was spectacular.

여행 장소와 시간 ➡ 고등학교 1학년 때 저희 학교는 금강산으로 여행을 갔어요.

여행 장소 소개 ➡ 당신이 금강산을 알고 있을지 잘 모르겠지만, 그 산은 북한에 위치해 있어요. 북한이 한국의 일부이긴 하지만 우리는 전쟁 중이어서 그곳에 갈 수 없습니다.

활동 ➡ 하지만 우리는 산을 여행할 수 있는 좋은 기회를 얻었어요. 그 산의 풍경이 너무 아름다워서 숨이 멎을 것 같았어요. 우리는 몇 시간을 산을 올랐어요. 산의 정상에서 저는 모든 세상을 한눈에 볼 수 있었어요.

마무리 ➡ 정말 장엄했어요.

어휘 ● scenery 경치, 풍경 ● breathtaking 숨이 막히는, 숨이 멎는 듯한 ● spectacular 장관을 이루는

모픽 루키 Tip 📌 정확한 시제 사용하기

Even though North Korea is a part of Korea, we can't go there since we're in the middle of a war.

✚ 북한은 현재 한국의 일부이기 때문에 'Even though North Korea is ~' 현재 사실을 나타내므로 현재시제를 사용해야 합니다. 또한 남한과 북한의 전쟁이 끝난 것이 아니라 현재도 진행 중이기 때문에, 즉 현재 사실을 나타내므로 'since we're ~' 현재시제를 사용해야 합니다. 현재의 사실, 반복적인 일이나 습관 등은 현재시제를 사용해야 한다는 점을 기억하세요.

Q1 **You indicated in the survey that you travel overseas. Discuss a city or country that you have visited on vacation. What does this place look like, where is it located, what are the people like, and what else is unique about it?**

설문조사에서 해외여행을 간다고 했습니다. 학생이 방학 때 여행했던 도시나 나라를 설명해 보세요. 그곳은 어떤 모습이고, 어디에 있으며, 그곳 사람들은 어떤가요? 그리고 어떤 점이 독특한가요?

💡 모범 답변 ①

문제 유형	● 해외 도시 또는 나라 묘사하기
답변 키워드	● 여행 장소와 시간 ○ 숙소 ○ 같은 점 ○ 다른 점 ○ 마무리
등장인물	● 나, 가족

여행 장소와 시간 → On my last vacation, my family traveled to Hong Kong. It took about four hours by flight.

숙소 → We stayed in a hotel in downtown. Maybe because it is also an Asian country, many things looked very similar to my country.

같은 점 → The people and buildings looked the same with ours.

다른 점 → However, there were different things, too. When I saw people speaking Chinese, I realized that I was in Hong Kong. The local foods were also very different from Korean.

마무리 → I miss Hong Kong.

여행 장소와 시간 → 지난 방학 때, 저희 가족은 홍콩으로 여행을 갔어요. 비행기로 4시간 정도 걸렸어요.

숙소 → 우리는 시내에 있는 한 호텔에 머물렀어요. 아마도 홍콩 역시 아시아 나라라서 그런지, 많은 것들이 우리나라와 비슷해 보였어요.

같은 점 → 사람들과 건물들 모두 우리와 비슷해 보였어요.

다른 점 → 하지만 다른 것들도 있었어요. 사람들이 중국어로 말하는 것을 봤을 때, 제가 홍콩에 있다는 것을 깨달았어요. 현지 음식도 한국 스타일과 매우 달랐어요.

마무리 → 저는 홍콩이 그리워요.

💡 모범 답변 ②

답변 키워드 ● 여행 장소와 목적 ◐ 도시와 위치 ◐ 다른 점 1 ◐ 다른 점 2 ◐ 마무리
등장인물 ● 나, 가족

여행 장소와 목적 → My family travels to US from time to time. My father goes on a business trip there sometimes. When it's possible, my whole family accompanies him on his business trip.

도시와 위치 → One time, we traveled to New York. It is located in the eastern part of the US. <u>I heard it is the most famous city in the world.</u> 모픽루키 Tip

다른 점 ① → The buildings were huge and very tall.

다른 점 ② → An interesting thing was that I could see many kinds of people from different countries.

마무리 → I wish I could live in the city.

여행 장소와 목적 → 우리 가족은 미국으로 종종 여행을 가요. 저희 아빠는 가끔 그곳으로 출장을 가요. 가능하다면, 가족 모두가 아빠의 출장에 아빠와 동행해요.

도시와 위치 → 한번은 뉴욕으로 여행을 갔어요. 그것은 미국의 동부 지역에 있어요. 저는 그곳이 세계에서 가장 유명한 도시라고 들었어요.

다른 점 ① → 건물들은 크고 아주 높았어요.

다른 점 ② → 재미있는 것은 다른 나라에서 온 다양한 사람들을 볼 수 있었다는 것이에요.

마무리 → 제가 그곳에 살 수 있으면 좋겠어요.

어휘 • from time to time 가끔, 이따금 • go on a business trip 출장을 가다

모픽 루키 Tip the + 최상급 표현

I heard it is the most famous city in the world.

✚ 최상급을 사용할 때 가장 많이 사용하는 패턴이 바로 'the + 최상급 + 단수명사 + in + 장소'입니다. 바로 '~장소에서 가장 ~한 ~사람/사물'로 해석이 가능합니다. 그리고 전치사 'of'를 사용해서 역시 최상급을 표현할 수 있는데요, '(셋 이상) 중에서 가장 ~한 ~사람/사물'로 해석 가능합니다.
I heard it is the most famous city **of** those cities. 그 도시들 중에서 가장 유명한 도시라고 들었어요.

Q2 Describe for me your first trip to another country. When was the trip? Where did you go? Who did you go with and what did you do? Describe that experience for me in as much detail as possible.

다른 나라로 떠났던 당신의 첫 여행을 말해 보세요. 언제 여행을 갔나요? 어디로 갔죠? 누구와 함께 갔고 무엇을 했나요? 첫 해외 경험을 가능한 한 자세하게 설명해 보세요.

💡 모범 답변 ①

문제 유형 ● 과거의 첫 경험에 대해서 답변하기
답변 키워드 ● 여행 장소와 시간 ◐ 여행 이유 ◐ 활동 1, 2 ◐ 마무리
등장인물 ● 나, 가족, 이모

여행 장소와 시간	I would like to tell you about my first trip abroad to Disney land in California. I was ten years old at that time.
여행 이유	My aunt lives in Los Angeles, and she invited my family there.
활동 ①	On the second day of the trip, she took us to Disney land. We went on some rides and watched a parade. It was incredible.
활동 ②	I also took many pictures with the costumed people. I like a picture with Cinderella the most.
마무리	I hope I can visit there again after the pandemic.

여행 나라와 시간	캘리포니아에 있는 디즈니랜드에 갔던 첫 해외여행에 대해서 이야기할게요. 그때 저는 열 살이었어요.
여행 이유	저희 이모는 로스앤젤레스에 살아서 우리 가족을 그곳으로 초대했어요.
활동 ①	여행 둘째 날, 이모는 우리를 디즈니랜드에 데려갔어요. 몇몇 놀이기구를 타고 퍼레이드도 봤어요. 정말 굉장했어요.
활동 ②	저는 캐릭터 분장을 한 사람들과 사진도 많이 찍었어요. 저는 신데렐라와 찍은 사진이 가장 좋아요.
마무리	저는 팬데믹이 끝나고 다시 그곳에 갈 수 있으면 좋겠어요.

어휘 • aunt 고모, 이모 • costumed 캐릭터 분장을 한

모범 답변 ②

답변 키워드 ● 여행 장소와 시간 ⊙ 활동 ⊙ 다른 점 ⊙ 마무리
등장인물 ● 나, 가족

여행 나라와 시간 ── I traveled overseas for the first time as a child. My family went on a trip to Thailand.

활동 ── There were a lot of tourist attractions to see. We visited some traditional temples. We prayed and learned about their religion.

다른 점 ── Thailand is a tropical country. The weather was hot, but I was amazed at the variety of exotic plants and flowers. 오픽루키 Tip Everything looked very new to me.

마무리 ── When I'm old enough, I want to travel alone to the country again.

여행 나라와 시간 ── 제가 어렸을 때 처음으로 해외로 여행을 갔어요. 우리 가족은 태국으로 여행을 갔습니다.

활동 ── 그곳에는 볼만한 관광 명소들이 많이 있었어요. 우리는 몇몇 전통 사원들을 방문했어요. 우리는 기도도 하고 그들의 종교에 대해 배웠어요.

다른 점 ── 태국은 열대 국가에요. 날씨는 무더웠지만, 다양한 이국적인 식물과 꽃들에 깜짝 놀랐어요. 저에게는 모든 것들이 새로워 보였습니다.

마무리 ── 제가 충분히 성장하면, 그 나라를 혼자 다시 여행하고 싶어요.

어휘 • tourist attractions 관광 명소 • temple 절, 사원 • tropical country 열대 국가
• a variety of 다양한 • exotic 이국적인

오픽 루키 Tip 정확한 시제 사용하기

Thailand is a tropical country. The weather was hot, but I was amazed at the variety of exotic plants and flowers.

➕ 정확한 시제 사용에 대해서 반복해서 소개하는 이유는 바로 오픽에서 시제의 활용이 중요하기 때문입니다. 특히 과거 경험을 묻는 문제는 난이도가 좀 더 높아서 답변에 더 신중해야 해요. '태국은 열대 국가입니다.'는 사실이므로 현재시제 is를 사용해야 하고, 여행 당시, '태국 날씨가 더웠고, 이국적인 식물과 꽃들에 깜짝 놀랐어요.'는 직접 경험한 내용이므로 과거시제가 어울립니다.

Chapter

6

오픽 롤플레이

롤플레이는 '역할 연기' 또는 '상황 연기'라고 합니다. 어떤 특정한 상황을 가정하고, 그에 맞는 역할을 직접 해 보라는 의미인데요. 다양한 상황을 접하다 보면 아주 어려운 문제 유형은 아닐 거예요. 오픽 시험 난이도 3, 4, 5, 6단계를 선택할 경우 11~12번에서 출제되는 문제가 바로 오픽 롤플레이 문제입니다.

첫 번째 상황은 '친구를 집으로 초대하는 것'입니다. 질문의 흐름을 잘 살펴보세요. 12번 문제에서는 항상 돌발 상황이 발생하고 이 상황을 해결할 수 있는 해결책을 제시하라는 내용이 비슷하게 등장합니다.

> Q 11. 상황을 드릴 테니, 역할 연기를 해 보세요. 학생은 친한 친구를 집으로 초대하고 싶어 합니다. 친구에게 전화를 해서 집에 초대할 수 있도록 궁금한 점 3~4가지를 물어보세요.
>
> Q 12. 음. 안타깝지만, 학생이 해결해야 할 문제가 발생했어요. 친한 친구를 오늘 저녁에 집으로 초대하려고 했는데, 엄마가 몸이 아파요. 다시 친구에게 전화해서 현재 상황을 설명하세요. 그러고 나서 이 문제를 해결할 수 있도록 해결책을 두 가지 제시하세요.

두 번째로 살펴볼 주제는 'MP3 플레이어'입니다. 여러분들은 MP3 플레이어를 사용한 경험이 거의 없을 텐데요. 꼭 MP3 플레이어가 아니라 하더라도, 다양한 전자기기, 물품 등이 이와 아주 비슷한 형태로 롤플레이 문제가 출제되기 때문에 문제의 패턴을 잘 파악해 두면 나중에 큰 도움이 될 거예요. 바로 문제를 확인해 볼까요?

> Q 11. 상황을 드릴 테니, 역할 연기를 해 보세요. 친구가 새 MP3 플레이어(책, 게임기)를 샀다고 듣게 됐어요. 친구에게 전화해서 새 MP3 플레이어를 빌릴 수 있도록 궁금한 점을 3~4가지 물어보세요.
>
> Q 12. 음. 안타깝지만, 학생이 해결해야 할 문제가 발생했어요. 친구한테 빌린 새 MP3 플레이어(책, 게임기)를 실수로 망가뜨렸어요(물을 쏟았어요, 바닥에 떨어뜨렸어요). 친구에게 전화해서 현재 상황을 설명한 후에, 이 문제를 해결할 수 있는 대안을 두 가지 제시해 보세요.

영화, 콘서트 그리고 여행을 가기 위해서는 표를 구매해야 하죠? 표와 관련된 롤플레이 문제들 역시 오픽이 아주 좋아하는 주제 중의 하나입니다. 11번과 12번은 1세트로 출제되기 때문에 롤플레이 2문제를 함께 대비할 수 있어야 합니다. 오픽 문제들 중에서 난이도가 높은 어려운 문제여서 다양한 롤플레이 상황을 접해 보는 게 중요합니다.

Q 11. 상황을 드릴 테니, 역할 연기를 해 보세요. 친한 친구와 함께 영화를 관람하고 싶다고 가정해 볼게요. 영화관 매표소에 전화를 해서 보고 싶은 영화 티켓을 예매할 수 있도록 궁금한 점 3~4가지를 물어보세요.

Q 12. 음. 안타깝지만, 학생이 해결해야 할 문제가 발생했어요. 친구와 함께 영화를 관람하려고 매표소에 도착했는데, 7시로 예매한 영화 티켓이 확인해 보니 9시로 시간대가 잘못되었어요. 매표소 직원에게 자초지종을 설명하고, 이 문제를 해결할 수 있도록 해결책을 제시해 보세요.

주제 ① / 롤플레이 친구 초대

> **Q1** I will give you a situation and ask you to act it out. You want to invite a friend to your house. Call your family member and leave a recorded message, asking him or her some questions about when to invite your friend.
>
> 상황을 드릴 테니 역할 연기를 해 보세요. 학생은 집에 친구를 초대하고 싶습니다. 가족 구성원에게 전화해서 친구를 언제 초대할지에 대해서 궁금한 점을 몇 가지 물어보면서 녹음 메시지를 남겨 보세요.

💡 모범 답변 ①

문제 유형 • 가족 구성원에게 여러 가지 질문하기
답변 키워드 • 자기소개 ◐ 질문 1, 2, 3 ◐ 마무리
등장인물 • 나(가현), 친구(진우), 엄마

자기소개	Hello, mom. This is me, Kahyeon.
질문 ①	Do you remember one of my best friends, Jinwoo?
질문 ②	If you don't mind, I would like to invite him to our house to play games together. Is that OK?
질문 ③	He is a good-natured and smart boy. You will like him, too. If you agree, when can I invite him? I think the second weekend of December will be perfect for all of us. I hope you say yes.
마무리	Please, call me when you hear this message. I love you.

자기소개	여보세요? 엄마. 저예요, 가현이.
질문 ①	엄마, 내 가장 친한 친구 중에서 진우 기억하죠?
질문 ②	엄마가 괜찮으면, 함께 게임을 할 수 있도록 우리 집에 진우를 초대하고 싶어요. 초대해도 돼요?
질문 ③	진우는 성격이 수더분하고 영리한 친구예요. 엄마도 그를 좋아하실 거예요. 엄마가 동의하면, 진우를 언제 초대해도 될까요? 우리 모두에게 12월 둘째 주가 완벽할 것 같아요. 허락해 주시길 바랄게요.
마무리	메시지 들으시면 전화 주세요. 사랑해요.

어휘 • good-natured 마음결이 고운, 온화한 • perfect 완벽한

답변 키워드 • 자기소개 ● 질문 1, 2, 3 ● 마무리
등장인물 • 나(미연), 여동생(다현), 친구(지은)

[자기소개] → Hello, Dahyeon. This is Miyeon.

[질문 ①] → I am leaving you a message to ask you something. <u>You know my friend, Jieun, right?</u> 오픽 루키 Tip

[질문 ②] → She is visiting our house this afternoon. <u>What time will you come back home?</u> 오픽 루키 Tip She said she misses you and wants to see you.

[질문 ③] → <u>Plus, can you get some bread on the way back home?</u> 오픽 루키 Tip You know she loves the bakery. It will be nice if we treat her with the bread.

[마무리] → If you get this message, please let me know.

[자기소개] → 여보세요? 다현아. 나야, 미연이.

[질문 ①] → 뭐 좀 물어보려고 메시지 남겨. 너 내 친구 지은이 알지, 그렇지?

[질문 ②] → 지은이가 오늘 오후에 우리 집에 올 거야. 너는 몇 시에 집으로 돌아올 거야? 지은이가 너 그립다면서 보고 싶다고 그러더라.

[질문 ③] → 그리고 집으로 돌아오는 길에 빵 좀 사 올 수 있어? 지은이가 그 빵집 엄청 좋아하잖아. 그 빵을 대접하면 좋을 듯 해.

[마무리] → 이 메시지 들으면 알려 줘.

📖 **어휘** • come back home 집으로 돌아오다 • miss 그리워하다

오픽 루키 Tip 롤플레이 질문하기

You know my friend, Jieun, right?
What time will you come back home?
Plus, can you get some bread on the way back home?

✚ 롤플레이 문제 질문 중 'asking him or her some questions' 몇 가지 질문을 해 보라는 상황이 주어졌습니다. 최소 3가지 이상을 질문해야 하고, '부가 의문문, wh-의문사 의문문, 조동사 의문문' 등 다양한 의문사로 물어보면 좀 더 완벽한 답변이 될 수 있습니다.

Q2 I'm sorry, but there is a problem I need you to resolve. You are supposed to invite your friend to your house, but one of your family members is sick, so you can't invite him or her today. Call your friend and leave a message, explaining the situation. And offer an alternative to meet him or her in the future.

미안하지만, 학생이 해결해야 할 문제가 있습니다. 친구를 집에 초대할 예정이었는데, 가족 중 한 명이 몸이 아파서 오늘 친구를 초대할 수 없습니다. 친구에게 전화해서 상황을 설명하면서 메시지를 남겨보세요. 그리고 앞으로 친구를 만날 수 있도록 대안을 하나 제시하세요.

모범 답변 1

문제 유형 ● 친구를 집에 초대하지 못한 상황에 대한 대안/해결책 제시하기
답변 키워드 ● 전화 목적 ◐ 상황 설명 ◐ 대안 제시 ◐ 마무리
등장인물 ● 나(가현), 친구(진우), 엄마

전화 목적	Hello, Jinwoo. This is Kahyeon calling to tell you some bad news.
상황 설명	Unfortunately, it seems like we can't hang out at my house today. My mother got food poisoning. Now, I am at a hospital with my mom. Please, don't worry about her. The doctor said she will be fine. Still, I think it will be better to let her take a rest quietly. Hope you understand.
대안 제시	Instead, let's have a ball at my place next weekend! 오픽 루키 Tip
마무리	Call me when you hear this, please. I am sorry again.

전화 목적	안녕, 진우야. 나 가현인데, 나쁜 소식을 전하려고 전화했어.
상황 설명	불행히도, 우리 오늘 우리 집에서 시간을 보낼 수 없을 것 같아. 엄마가 식중독에 걸리셨거든. 지금, 엄마하고 병원에 와 있어. 엄마 걱정은 안 해도 돼. 의사 선생님이 곧 괜찮아질 거라고 하셨어. 그럼에도 불구하고, 엄마를 조용히 쉬게 해드리는 게 더 좋을 것 같아. 이해해 주기를 바랄게.
대안 제시	대신에 우리 다음 주말에 집에서 재미있게 놀자.
마무리	이 메시지 들으면 꼭 연락 줘. 다시 한번 미안해.

어휘 • hang out 많은 시간을 보내다 • food poisoning 식중독 • have a ball 신나게 즐기다 • quietly 조용히

답변 키워드 ● 전화 목적 ◑ 상황 설명 ◑ 대안 제시 ◑ 마무리
등장인물 ● 나(미연), 여동생(다현), 친구(지은)

전화 목적 → Hi, Jieun. This is Miyeon. I have an unhappy news. I suppose we'd better reschedule our meeting for another time.

상황 설명 → Unluckily, my sister, Dahyeon shows symptoms of a cold. I think she caught a severe cold. She has fever, runny nose and continuously coughs. I gave her pills and now, she appears to be better. However, if you come, you can catch a cold from her. You know, it's contagious. Prevention is the best cure.

대안 제시 → Well, next Saturday happens to be my birthday. Let's have a lot of fun together next weekend! 오픽 루키 Tip

마무리 → Let me know if you get this. Thanks.

전화 목적 → 안녕, 지은아. 나야 미연이. 슬픈 소식이 하나 있어. 우리 만남 일정을 다음으로 변경하는 게 더 좋을 것 같아.

상황 설명 → 불행하게도, 내 여동생 다현이가 감기 증세를 보이고 있거든. 아무래도 독감에 걸린 것 같아. 열도 나고, 콧물도 나고, 계속해서 기침도 하고 있어. 약을 갖다 줘서, 지금은 보기에는 좀 더 나아진 것 같아. 그런데, 네가 오면, 동생한테 네가 감기를 옮길 수 있어. 너도 알다시피, 감기는 전염되잖아. 예방이 최선의 방책이야.

대안 제시 → 마침 다음 주 토요일이 내 생일이야. 다음 주말에 마음껏 떠들고 놀자.

마무리 → 메시지 듣고 나서 알려줘. 고마워.

📖 **어휘** • reschedule 일정을 변경하다 • symptom 증상 • runny nose 콧물 • coughs 기침

오픽 루키 Tip 대안/해결책 제시하기

Instead, let's have a ball at my place next weekend!
Well, next Saturday happens to be my birthday. Let's have a lot of fun together next weekend!

✦ 질문에서 'And offer an alternative' 대안을 한 가지 제시하라고 했죠. 바로 이게 답변에서 지켜야 할 과제이기 때문에 답변에서도 한 가지 대안만 제시해야 합니다. 현재 어떤 상황인지를 자세하게 설명하고, 대안을 제시한 후에, 마무리하는 패턴으로 꾸준히 연습해 보세요. 'have a ball=신나게 즐기다 / have a lot of fun 정말 재미있게 놀다' 등의 표현도 익혀서 오픽 시험에서 활용해 보세요!

> **Q1** I'd like to give you a situation and ask you to act it out. You would like to buy an MP3 Player. Call your friend and ask three or four questions that will help you decide whether you want to buy the product your friend is using.
>
> 상황을 드릴 테니 역할 연기를 해 보세요. 학생은 MP3 플레이어를 사고 싶어 합니다. 친구에게 전화해서 친구가 사용하고 있는 MP3 플레이어를 살 것인지 말 것인지를 결정할 수 있도록 서너 가지 질문을 해 보세요.

💡 모범 답변 ①

문제 유형 ● 친구에게 여러 가지 질문하기
답변 키워드 ● 자기소개 ➡ 상황 설명 ➡ 질문 1, 2, 3 ➡ 마무리
등장인물 ● 나(가현), 친구(진우)

자기소개	Hi, Jinwoo. This is Kahyeon.
상황 설명	I am thinking about buying an MP3 player. Can I ask you some questions about your MP3 player?
질문 ①	Thank you. To begin with, where did you buy it? I know Hi Mart has various models.
질문 ②	How many songs can your MP3 player hold? I want one that can hold at least one hundred songs. **오픽 루키 Tip** I will make a playlist of BTS songs.
질문 ③	Is it light to carry around? I want to hang it around my neck while walking.
마무리	Thank you for your help.

자기소개	안녕, 진우야. 나야 가현이.
상황 설명	내가 MP3 플레이어를 살까 생각 중이야. 너의 MP3 플레이어에 대해 몇 가지 질문해도 될까?
질문 ①	고마워. 우선, 어디서 샀어? 하이마트가 다양한 모델이 있는 건 알아.
질문 ②	네 MP3 플레이어는 얼마나 많은 노래를 저장할 수 있어? 나는 최소한 백 곡은 들어갔으면 해. BTS 노래로 재생목록을 만들 거야.
질문 ③	들고 다니기에는 가벼워? 걸어 다니면서 목에 걸고 싶어.
마무리	도와줘서 고마워.

답변 키워드 ● 자기소개 ◐ 상황 설명 ◐ 질문 1, 2, 3 ◐ 마무리
등장인물 ● 나(미연), 친구(지은)

자기소개	Hey, Jieun. This is Miyeon.
상황 설명	I am interested in getting an MP3 player. Since you have the newest model, I would like to ask you some questions, is that OK?
질문 ①	I heard it's quite expensive. Do you think it is worth the cost? I want good sound quality, but the price is the issue.
질문 ②	Can you recommend where to purchase? I hope you know a way of getting a discount.
질문 ③	Is it durable? Once I buy it, I want to keep using it until I graduate.
마무리	Thank you for your time.
자기소개	안녕, 지은아. 나야 미연이.
상황 설명	내가 MP3 플레이어 사는 데 관심이 있어. 네가 가장 최신 모델을 갖고 있어서, 몇 가지 질문을 하고 싶은데, 괜찮지?
질문 ①	꽤 비싸다고 들었어. 그 비용만큼의 가치가 있을까? 나는 좋은 음질을 원하지만, 가격이 문제야.
질문 ②	어디서 살지 추천해 줄 수 있어? 할인 받을 수 있는 방법을 알면 좋겠다.
질문 ③	내구성은 좋아? 일단 사면, 졸업할 때까지 계속 사용하고 싶어.
마무리	시간 내 줘서 고마워.

어휘 • worth 가치가 있는 • sound quality 음질 • issue 문제 • durable 오래 가는

오픽 루키 Tip 부정 대명사 one vs. it

How many songs can your MP3 player hold? I want one that can hold at least one hundred songs.

✚ 1. 종류는 같지만 다른 물건이라면 'one'을 사용한다.
　★ Do you have a cellphone? ▶ Yes, I have one. (= a cellphone)
　　너 휴대폰 있어? ▶ 어, 나 휴대폰 하나 있어.
　2. 지정한 하나의 물건을 물었을 때 동일한 물건이라면 'it'을 사용한다.
　★ Do you have a cellphone? ▶ Yes, I have it. (= the cellphone)
　　너 휴대폰 있어? ▶ 어, 나 그 휴대폰 있어.

> **Q2** I'm sorry, but there is a problem I need you to resolve. You have borrowed your friend's MP3 Player, but broke it by accident. Call your friend and explain the situation. Give a solution that will help solve the situation.
>
> 미안하지만, 학생이 해결해야 할 문제가 있습니다. 친구의 MP3 플레이어를 빌렸는데, 실수로 고장을 냈습니다. 친구에게 전화해서 상황을 설명하세요. 이 상황을 해결하는데 도움이 될 수 있는 해결책을 제시하세요.

💡 모범 답변 ①

문제 유형 ● 친구의 MP3를 망가뜨린 상황을 설명하고 대안/해결책 제시하기
답변 키워드 ● 전화 목적 ⊙ 상황 설명 ⊙ 대안 제시 ⊙ 마무리
등장인물 ● 나(가현), 친구(진우)

전화 목적	Hello, this is Kahyeon. Can I speak to Jinwoo? Thank you.
상황 설명	Hey, Jinwoo. I feel awful to say this, but I accidently broke the screen of your MP3 player.
대안 제시	I came to a repair shop right away and called you. Fortunately, the repairman said it's fixable. He said there will be no problem with the functions. However, it will take a couple of days due to the lack of the replacing part. I hope you are okay if I have it fixed and return it.
마무리	I am really sorry.

전화 목적	안녕하세요? 저는 가현이라고 하는데요. 진우와 통화할 수 있을까요? 감사합니다.
상황 설명	안녕, 진우야. 이런 말 하게 되어 너무 미안한데, 내가 실수로 네 MP3 화면을 망가뜨렸어.
대안 제시	수리점에 바로 와서 너에게 전화하는 거야. 다행히 수리하시는 담당자가 고칠 수 있다고 하셨어. 기능에는 문제가 없을 거야. 하지만 교체 부품이 부족해서 며칠 걸릴 것 같아. 수리해서 돌려 줘도 네가 괜찮았으면 좋겠어.
마무리	정말 미안해.

어휘 • awful 기분이 나쁜, 무서운 • accidently 실수로 • repair shop 수리점

답변 키워드 ● 전화 목적 ⊙ 상황 설명 ⊙ 대안 제시 ⊙ 마무리
등장인물 ● 나(가현), 친구(지은)

전화 목적	Hello, Jinwoo. This is Kahyeon.
상황 설명	A tragedy just happened. <u>I am terribly sorry, but I busted your MP3 player you lent me by accident.</u> 오픽 루키 Tip It was my fault. I had to be more careful with it. It fell out of my pants pocket and doesn't work anymore.
대안 제시	But the comforting news is that the same MP3 company is doing a 'buy one, get one free' promotion. I was going to buy one anyway. How about I get you a new one? I hope you like the idea.
마무리	Sorry again.
전화 목적	안녕, 진우야. 나야 가현이.
상황 설명	방금 비극이 일어났어. 너무 미안하지만 실수로 네가 빌려준 MP3를 망가뜨렸어. 내 잘못이야. 더 조심해야 했는데. 내 바지 주머니에서 떨어졌는데 더 이상 작동하지를 않아.
대안 제시	하지만 다행인 소식은 똑같은 MP3 회사가 원 플러스 원 행사를 하고 있어. 난 어쨌든 하나를 사려고 했었어. 내가 너에게 새것을 하나 주면 어떨까? 내 생각이 맘에 들길 바라.
마무리	다시 한번 미안해.

📓 어휘 ·tragedy 비극 ·terribly 너무 ·bust 부수다, 고장 내다 ·by accident 실수로 ·work 작동하다
·promotion 판매 촉진

오픽 루키 Tip **다양한 접속사 활용하기**

I am terribly sorry, but I busted your MP3 player **(that/which)** you lent me by accident.

✛ 롤플레이 문제에서도 주어진 상황을 잘 해결하는 것도 중요하지만, 다양한 접속사를 활용해서 문장을 완성도 있게 답변할 수 있어야 고득점이 가능합니다. 위 문장에는 '등위 접속사 but, 그리고 생략된 형태의 목적격 관계대명사 that 또는 which'가 쓰였습니다.

Q1 I'll give you a situation and ask you to act it out. You want to go to a movie with a friend. Contact the movie theater and pose three to four questions to gain the information that you need to purchase movie tickets.

상황을 드릴 테니 역할 연기를 해 보세요. 친구와 영화를 보고 싶습니다. 영화관에 전화해서 영화 티켓을 구매하는데 필요한 정보를 얻을 수 있도록 서너 가지 물어보세요.

모범 답변 ①

문제 유형 ● 영화관 매표소에 여러 가지 질문하기
답변 키워드 ● 전화 목적 ◐ 질문 1, 2, 3 ◐ 마무리
등장인물 ● 나, 영화 매표소 (직원)

전화 목적	Hello! I would like to book movie tickets. Could you help me, please?
질문 ①	Thank you. First of all, is it possible to reserve two seats for the movie, 'Sang-chi'? Oh, great. Then book us two seats in the middle, please.
질문 ②	Can I pay on the site? No problem. I will give you the card information.
질문 ③	Lastly, what time is the movie exactly? I see. I should be there on time.
마무리	You are very kind. Thank you for your help.

전화 목적	안녕하세요! 영화 티켓을 예약하고 싶어요. 도와주실 수 있을까요?
질문 ①	감사해요. 첫 번째로, 영화 '상치' 두 자리 가능한가요? 오, 잘됐네요. 그럼 가운데로 두 자리 부탁 드려요.
질문 ②	현장에서 결제해도 될까요? 괜찮아요. 카드 정보 드릴게요.
질문 ③	마지막으로, 영화가 정확히 몇 시에 시작하죠? 알겠습니다. 제시간에 가야겠네요.
마무리	매우 친절하시네요. 도와주셔서 감사해요.

어휘 • on the site 현장에서 • on time 정각에

💡 모범 답변 ②

답변 키워드 ● 전화 목적 ⓞ 질문 1, 2, 3 ⓞ 마무리
등장인물 ● 나, CGV 영화관 (직원)

전화 목적	→	Hello, is this CGV movie theater? I am calling to make a reservation for this afternoon's movie. May I ask you some questions?
질문 ①	→	<u>What movie is ranked top? Nice. It's my favorite genre. I would like to take two seats.</u> 오픽 루키 Tip
질문 ②	→	Also, how much is it for each? Wow, it's more expensive than I expected.
질문 ③	→	Is there a discount for students? Thank you so much. Okay, I will pick up the tickets at the box office.
마무리	→	I appreciate your kindness. Have a good day!

전화 목적	→	안녕하세요, CGV 영화관인가요? 오늘 오후 영화를 예약하려고 전화했어요. 몇 가지 질문 드려도 될까요?
질문 ①	→	어떤 영화가 1위인가요? 좋아요. 그건 제가 제일 좋아하는 장르예요. 두 자리 예약 할게요.
질문 ②	→	또한, 각각 얼마인가요? 와, 제가 예상한 것 보다 비싸네요.
질문 ③	→	학생 할인이 있을까요? 정말 감사합니다. 네, 영화 표는 매표소에서 받을게요.
마무리	→	친절하게 대해 주셔서 감사 드립니다. 좋은 하루 보내세요.

어휘 • than I expected 예상했던 것보다 • discount 할인 • at the box office 매표소에서

오픽 루키 Tip 실제 전화하듯이 묻고 말하기

What movie is ranked top? Nice. It's my favorite genre. I would like to take two seats.

✚ 문제에서 확인할 수 있듯이, '영화관에 전화를 하는 상황'입니다. 롤플레이는 말 그대로 '역할 연기'를 하는 것이기 때문에 위 문장처럼 '어떤 영화가 1위인가요?'라고 물어보면서, 마치 상대방의 말을 들은 것처럼 '좋아요. 그건 제가 가장 좋아하는 장르예요. 두 자리 예약할게요.'라고 자연스럽게 답을 이어간다면 보다 완벽한 역할 연기라 할 수 있습니다.

주제 ③ [롤플레이] 영화 관람

Q2 I'm sorry, but there is a problem I need you to resolve. Upon arrival at the theater, you realize that the wrong tickets have been sold to you. Explain your predicament to the ticket seller in the booth and provide two to three alternatives that help you to resolve this problem.

미안하지만, 학생이 해결해야 할 문제가 있습니다. 영화관에 도착하자마자, 학생은 티켓을 잘못 샀다는 것을 알게 됩니다. 부스에 있는 티켓 판매원에게 당신이 처한 상태를 설명하고 나서, 이 문제를 해결하는데 도움이 될 수 있는 대안을 두세 가지 제시하세요.

💡 모범 답변 ①

문제 유형 ● 티켓을 잘못 구매한 상황에 대한 대안/해결책 제시하기
답변 키워드 ● 방문 목적 ◉ 상황 설명 ◉ 대안 제시 1, 2 ◉ 마무리
등장인물 ● 나, 티켓 판매원

방문 목적	Excuse me. I have a problem with the tickets I reserved on the phone. Could you check it out? Thank you.
상황 설명	Well, I reserved two seats in the middle, but they are front seats.
대안 제시 ①	No way... if the center seats are not available, are there any seats at the back?
대안 제시 ②	Otherwise, how about we sit on the front seats this time, and get discounts? Alright, either way is fine. 오픽 루키 Tip
마무리	Please, let me know what option I have. I will be waiting.

방문 목적	실례합니다. 제가 전화로 예약한 영화 표에 문제가 있어요. 확인해 주실 수 있을까요? 감사합니다.
상황 설명	그게, 제가 중간에 두 자리를 예약했는데, 그것들은 앞 좌석이에요.
대안 제시 ①	안 돼요... 가운데 자리가 안 된다면, 뒤 좌석은 있나요?
대안 제시 ②	아니면, 이번에 그냥 앞 좌석에 앉고 할인을 받을 수 있을까요? 알겠어요, 어느 방법이든 괜찮아요.
마무리	어떤 선택지가 있는지 알려 주세요. 기다리고 있을게요.

💡 모범 답변 ②

답변 키워드 ● 방문 목적 ➡ 상황 설명 ➡ 대안 제시 1, 2 ➡ 마무리
등장인물 ● 나(가현), 티켓 판매원

| 방문 목적 | → Hello, my name is Kahyeon. There seems to be a problem with my reservation. |

| 상황 설명 | → I booked two seats for 3:00 pm. However, the tickets are for 5:00 pm. We can't watch the movie at that time. I have a dinner plan. |

| 대안 제시 ① | → If I can't watch this movie at 3:00, do you have another similar genre movie to recommend? |

| 대안 제시 ② | → If not, unfortunately, I have to get a refund on the tickets. |

| 마무리 | → Please, let me know as soon as possible. Thank you. |

| 방문 목적 | → 안녕하세요, 제 이름은 가현입니다. 제 예약에 문제가 있어 보여요. |

| 상황 설명 | → 저는 오후 3시에 두 자리를 예약했어요. 하지만 표들은 오후 5시 표예요. 저희는 그 시간에는 영화를 볼 수가 없어요. 저녁 약속이 있어요. |

| 대안 제시 ① | → 만약 3시에 이 영화를 볼 수 없다면, 추천해 주실 만한 비슷한 장르 영화가 있을까요? |

| 대안 제시 ② | → 없다면, 유감스럽게도 티켓들을 환불해야 해요. |

| 마무리 | → 가능한 한 빨리 알려 주시면 좋겠어요. 감사해요. |

📖 **어휘** • reservation 예약 • unfortunately 유감스럽게도

오픽 루키 Tip 실제 만나서 대화하듯이 묻고 말하기

Otherwise, how about we sit on the front seats this time, and get discounts?
Alright, either way is fine.

✚ 문제에서 'Explain your predicament to the ticket seller in the booth'라고 부스에 있는 판매원에게 당신이 처한 상태를 설명하세요.'라고 나와 있습니다. 그렇다면, '영화관 매표소 직원과 대화하는 상황'입니다. 위 문장처럼 '앞 좌석에 앉고, 할인을 받을 수 있을까요?'라고 물어보면서, 마치 상대방의 말을 들은 것처럼 '알겠어요, 둘 중 어느 방법이든 괜찮아요.'라고 자연스럽게 답을 이어간다면 역할 연기를 완벽하게 해내게 되는 것입니다.

Chapter

7

오픽 돌발 주제

설문조사에서 선택하지 않았는데 출제되는 문제들이 바로 돌발 주제입니다. 거의 매 시험마다 돌발 주제가 출제됩니다. 돌발 주제의 범위는 아주 다양하기 때문에 최근에 자주 출제되는 돌발 주제들을 잘 정리해서 대비하는 게 중요합니다. 돌발 주제라 하더라도 우리의 일상생활과도 관련되어 있기 때문에 어렵게 생각할 필요는 없습니다.

주제 ❶ 학원

첫 번째 돌발 주제 '학원'을 살펴보겠습니다. 학원은 여러 종류가 있지만, 대표적으로 영어 학원을 떠올릴 수 있습니다.

● '학원'과 관련된 돌발 문제들을 살펴보겠습니다.

1. 외국어를 배우는 학원을 묘사해 보세요.

2. 어떤 외국어를 배우는 걸 좋아하나요? 왜 그 외국어를 배우는 걸 좋아하죠?

3. 외국에 학습에 처음으로 관심을 가지게 된 계기는 무엇인가요?

주제 ❷ 교통수단

두 번째로 살펴볼 돌발 주제는 '교통수단'입니다. 등/하교할 때, 누구를 만나러 갈 때 우리는 버스, 지하철, 택시 등의 대중교통을 이용하죠. 학원, 대중교통 모두 우리의 일생생활에서 쉽게 접할 수 있는 것들이기 때문에 돌발 문제가 갑자기 나오더라도 당황하지 말고 자신감 있게 답변할 수 있어야 합니다.

● '교통수단'과 관련된 돌발 문제들을 살펴보겠습니다.

1. 학생이 살고 있는 곳에서 이용할 수 있는 교통수단은 무엇인가요?

2. 집에서 학교에 가기 위해서 집을 나서기 위해 준비할 때의 일상적인 루틴을 설명해 보세요. 언제 일어나고, 학교에 가기 위해서 어떤 절차를 거치나요? 학교까지 어떤 교통수단을 이용하죠?

3. 최근에 다른 교통수단을 이용한 적이 있나요? 다른 교통수단을 이용한 건 만족했나요?

돌발 주제 마지막 세 번째는 '명절(공휴일)'입니다. 'holidays'는 휴가, 국경일, 명절 이렇게 3가지 뜻을 모두 가지고 있는데요. 문제에서 customs, events, foods, meals, traditions 등 풍습, 전동, 행사, 음식 등의 단어가 등장하기 때문에 오픽에서는 '명절'로 이해하고 대비해야 합니다. 우리나라의 대표적인 명절은 '설날, 추석'입니다. 설날과 추석을 떠올리면서 무엇을 말해야 할지를 잘 정리해서 대비해 두면 명절 돌발 문제는 그렇게 어렵게 느껴지지 않을 거예요.

● 명절과 관련해서 어떤 문제들이 출제되는지 살펴보겠습니다.

1. 한국에서 기념하는 명절들을 말해 보세요. 언제 기념을 하고 그 명절의 목적은 무엇인가요?

2. 명절을 하나 선택해서 명절과 관련된 사람, 행사, 풍습 등등을 설명해 보세요. 언제 기념하고, 어떤 음식이나 식사가 준비되나요? 그 명절 동안에 특별한 행사나 전통들이 있나요?

3. 어렸을 적에 특별한 명절 기억을 말해 보세요. 어떤 명절이었나요? 특별히 기억에 남게 한 특별한 일이 있었나요?

Q1 Please describe a language school where you learn a foreign language. Where is it located? How do you get to the language school?

외국어를 배우고 있는 학원을 묘사해 보세요. 어디에 위치해 있나요? 학원에는 어떻게 가죠?

모범 답변 **1**

문제 유형 ●	어학원 묘사하기
답변 키워드 ●	간단한 답변 ○ 학원 소개 ○ 학원 장점 ○ 학원 위치 ○ 마무리
등장인물 ●	나

간단한 답변	Oh, you are interested in where I learned my English.
학원 소개	There are many language schools around my school, and I go to one of them.
학원 장점	I like my academy because they make us practice speaking more than other places.
학원 위치	I go there on foot after school. It's right in front of the main gate of my school. However, the academy gives me a ride home by bus when the classes are over.
마무리	It's safe and very convenient.

간단한 답변	오, 제가 어디서 영어를 배웠는지 관심이 있으시군요.
학원 소개	제 학교 주변에는 많은 어학원들이 있고 저는 그 학원들 중 한 곳에 다녀요.
학원 장점	저는 제가 다니는 학원이 다른 곳들보다 스피킹 연습을 많이 하게 해서 좋아요.
학원 위치	학교를 마치고 걸어서 학원에 가요. 학원이 학교 정문 바로 앞에 있거든요. 하지만 수업들을 마치고 나면, 집까지 학원 버스로 데려다 줘요.
마무리	그래서 안전하고 매우 편리해요.

어휘 • language school 어학원 • academy 학원 • on foot 걸어서 • in front of ~앞에
• give a ride 차를 태워 주다 • by bus 버스로

답변 키워드 ● 학원 소개 ◐ 학원 특징 ◐ 학원 위치 ◐ 마무리
등장인물 ● 나

학원 소개 → In Korea, there are half a dozen of famous language schools. Among them, I chose where my favorite teacher is.

학원 특징 → The facility is modern and clean, but the teacher is the biggest reason why I go there. <u>Her class is not only informative, but very fun at the same time.</u> **모픽 루키 Tip**

학원 위치 → It is located downtown near my neighborhood. I take a bus to get there. I listen to English radio broadcast on the bus.

마무리 → It's very efficient.

학원 소개 → 한국에는 여섯 개의 유명한 어학원들이 있어요. 그중에서 저는 제가 가장 좋아하는 선생님이 계시는 어학원을 골랐어요.

학원 특징 → 시설이 현대적이고 깨끗하기도 하지만, 그 제가 그 학원을 가는 가장 큰 이유가 바로 선생님이에요. 그녀의 수업은 유익할 뿐만 아니라 동시에 매우 재미있어요.

학원 위치 → 학원은 우리 동네 근처 시내에 있어요. 저는 그곳에 버스를 타고 가요. 버스 안에서는 영어 라디오를 들어요.

마무리 → 매우 효율적이에요.

어휘 • modern 현대적인 • informative 유익한, 정보가 많은 • at the same time 동시에 • downtown 시내
• efficient 효율적인

모픽 루키 Tip 상관 접속사 활용하기

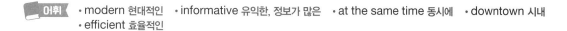

Her class is not only informative, but very fun at the same time.

✚ 'not only A but (also) B' 는 'A뿐만 아니라 B도'라는 뜻의 상관 접속사입니다. '뿐(만) 아니라'라는 표현이 또 하나 있죠. 바로 'A as well as B'인데요. A 또는 B를 좀 더 강조할 때 쓰임이 약간 다르기 때문에 차이점을 꼭 알아두세요!

▶ not only A but (also) B: A뿐만 아니라 B도 = B를 강조할 때 사용
▶ A as well as B: B뿐만 아니라 A도 = A를 강조할 때 사용

Q2 **What kind of foreign languages do you like to learn? Why do you learn that kind of foreign language? Tell me about some of the reasons.**

어떤 외국어를 배우는 걸 좋아하나요? 왜 그 외국어를 배우나요? 몇 가지 이유를 말해 보세요. 외국어를 배우고 있는 학원을 묘사해 보세요. 어디에 위치해 있나요? 학원에는 어떻게 가죠?

💡 모범 답변 ①

문제 유형 ●	이유를 자세하게 설명하기
답변 키워드 ●	좋아하는 외국어 ◐ 수업 횟수 ◐ 수업 시간 ◐ 수업 소개 및 목적 ◐ 마무리
등장인물 ●	나, 선생님

좋아하는 외국어 →	I study English every day. Plus, I occasionally practice French, too.
수업 횟수 →	In case of the French class, the teacher comes to my house once a week.
수업 시간 →	The duration of the class is not that long. It lasts only about 15 minutes.
수업 소개 및 목적 →	When the teacher comes, she checks on my homework and gives feedback on it. I learn French so I can communicate with my French friend fluently.
마무리 →	Moreover, I think French is a beautiful language.

좋아하는 외국어 →	저는 영어를 매일 공부해요. 그에 더해서, 때때로 불어도 연습해요.
수업 횟수 →	불어 수업의 경우에는 선생님께서 일주일에 한 번 집으로 오세요.
수업 시간 →	수업 기간은 그렇게 길지 않아요. 대략 15분 정도 해요.
수업 소개 및 목적 →	선생님이 오시면, 제 숙제를 확인하시고 그에 대한 피드백을 주세요. 저는 프랑스 친구와 유창하게 소통하려고 불어를 배워요.
마무리 →	게다가 불어는 아름다운 언어인 것 같아요.

어휘 • occasionally 가끔, 때때로 • last 지속되다 • communicate with ~와 의사소통하다
• fluently 유창하게

답변 키워드 ● 공부 중인 외국어 ◎ 영어 공부 ◎ 일본어 공부 ◎ 취미 및 포부 ◎ 마무리

등장인물 ● 나, 선생님

공부 중인 외국어	To be honest, I want to be multilingual. But for now, I am focusing on English and Japanese only.
영어 공부	English is mandatory in this age of globalization. It is important to be able to speak English.
일본어 공부	In contrast, I learn Japanese to read Japanese cartoons and watch Japanese animations with no subtitles. [오픽 루키 Tip] I literally love them.
취미 및 포부	My current hobby is to draw cartoons. In the future, I will become a worldwide famous animation director.
마무리	Look out for my work in the future!
공부 중인 외국어	솔직히 말해서, 저는 여러 언어를 하는 사람이 되고 싶어요. 하지만 지금은 영어와 일본어에만 집중하고 있어요.
영어 공부	이런 글로벌 시대에 영어는 필수예요. 영어를 말로 할 수 있는 게 중요해요.
일본어 공부	반대로, 일본어는 일본 만화책을 읽고, 일본 애니메이션들을 자막 없이 보면서 공부해요. 저는 그것들을 말 그대로 매우 좋아해요.
취미 및 포부	현재 제 취미는 만화를 그리는 거예요. 장차 세계적으로 유명한 만화영화 감독이 될 거예요.
마무리	앞으로 제 작품을 찾아보세요!

어휘 • multilingual 여러 언어를 사용하는 • mandatory 의무적인 • with no subtitles 자막 없이

오픽 루키 Tip 다양한 접속사 활용하기

In contrast, I learn Japanese to read Japanese cartoons and watch Japanese animations with no subtitles.

✚ 등위 접속사 and는 and 앞뒤 모두 같은 형태를 취해야 합니다. 먼저 본래의 문장을 살펴볼까요?

In contrast, I learn Japanese to read Japanese cartoons and (I learn Japanese to) watch Japanese animations with no subtitles.

여기에서 watch가 아닌 'watching, watched'가 쓰였다면 틀린 문장이 되기 때문에 주의해야 합니다.

> **Q1** What forms of public transportation are available where you live? What types of transportation do you use during the weekdays? On the weekends, what types of transportation do you use?
>
> 학생이 살고 있는 곳에서 이용 가능한 대중교통 수단은 무엇인가요? 어떤 종류의 교통수단을 주중에 이용하나요? 주말에는 어떤 교통수단을 이용하죠?

💡 모범 답변 ①

문제 유형 ● 이용하는 교통수단 묘사(소개)하기
답변 키워드 ● 주중 교통수단 1 ⊙ 주중 교통수단 2 ⊙ 주말 교통수단 ⊙ 지하철 장점 및 마무리
등장인물 ● 나, 가족

주중 교통수단 ①	To tell you the truth, I don't use the public transportation on normal days. The places I go during the weekdays are all within a walking distance.
주중 교통수단 ②	I sometimes take the bus, but only when I don't feel like walking.
주말 교통수단	On the other hand, on weekends when my family goes on a trip somewhere nearby, we use the subway. That's to avoid traffic jams.
지하철 장점 및 마무리	The fees are also very <u>reasonable</u>. **오픽 루키 Tip** It saves us time and money.

주중 교통수단 ①	솔직히 말하면, 저는 보통 때는 대중교통을 이용하지 않아요. 제가 평일에 가는 곳들은 모두 걸어갈 만한 거리예요.
주중 교통수단 ②	저는 때때로 버스를 이용하지만 걷기 싫을 때만 이용해요.
주말 교통수단	한편, 주말에 가족들이 근처 어딘가로 여행을 갈 때 우리는 지하철을 이용해요. 그건 교통 체증을 피하기 위해서예요.
지하철 장점 및 마무리	요금도 매우 합리적이에요. 그것은 시간과 비용을 아껴줘요.

📓 **어휘** • within a walking distance 걸어서 갈 수 있는 거리에 • reasonable (비용, 요금 등이) 합리적인

🔆 모범 답변 ②

답변 키워드 ● 이용 가능한 교통수단 ➡ 주중 교통수단 ➡ 주말 교통수단 ➡ 지하철 장점 및 마무리
등장인물 ● 나

> **이용 가능한 교통수단** → In my city, the public transportation is well developed. I can get everywhere because the bus and subway systems have many lines.

> **주중 교통수단** → The most common transportation I use daily is the bus though. It stops on every corner. I can get off closer to my destination than the subway.

> **주말 교통수단** → However, on weekends when I travel across the city, I prefer to use the subway. It is faster and the trains come frequently.

> **지하철 장점 및 마무리** → The subway in my country is clean and <u>affordable</u>. **모픽 루키 Tip** It is also very convenient to use.

> **이용 가능한 교통수단** → 제가 살고 있는 도시는 대중교통이 잘 발달되어 있어요. 버스와 지하철 시스템은 노선들이 많아서 어디든 갈 수 있어요.

> **주중 교통수단** → 하지만 제가 매일 이용하는 가장 흔한 교통수단은 버스예요. 구석구석 정차하기 때문에 지하철보다 제 목적지에 더 가깝게 내릴 수 있어요.

> **주말 교통수단** → 하지만 주말에 도시 전역을 여행할 때는 지하철을 더 선호해요. 지하철은 더 빠르고 열차도 자주 와요.

> **지하철 장점 및 마무리** → 우리나라의 지하철은 깨끗하고 가격이 합리적이에요. 이용하기에도 아주 편리해요.

어휘 • well developed 잘 발달된 • destination 목적지 • frequently 자주 • affordable (가격이) 적당한

모픽 루키 Tip 유사 어휘 활용하기

reasonable / affordable

✚ '가격이 싼, 저렴한, 비싸지 않은'이라는 뜻의 다양한 형용사가 있는데요. 영어는 단어를 반복해서 사용하는 걸 싫어하기 때문에 유사 어휘를 골고루 사용하는 것도 높은 등급을 받을 수 있는 방법입니다.
  ▶ cheap: 값이 싼, 저렴한 (값이 쌀 뿐만 아니라 품질도 보잘것없음을 나타내어 싸구려의 의미로 쓰임)
  ▶ budget: 저렴한, 실속 있는 / affordable: 가격이 알맞은, 적당한 / reasonable: 가격이 합리적인
  ▶ inexpensive: 비싸지 않은 (품질이 괜찮은 데 비해 값이 저렴하다는 뜻으로 cheap 대신 사용)

> **Q2** You may have faced a problem while using the transportation. When did it happen? How did you resolve the problem? Please tell me about that experience.
>
> 대중교통을 이용하면서 문제를 겪어본 적이 있을 텐데요. 그 문제가 언제 일어났나요? 그 문제를 어떻게 해결했나요? 그 문제 경험에 대해서 말해 보세요.

💡 모범 답변 ①

문제 유형 ● 대중교통 문제 경험에 대해서 답변하기
답변 키워드 ● 대중교통 이용 이유 ⏵ 문제점 소개 ⏵ 해결 방법 소개 ⏵ 마무리
등장인물 ● 나, 할머니, 엄마

대중교통 이용 이유	There was one time I used the subway alone. I was asked to deliver something to my grandmother. At first, I was confident because I used it with my mom several times.
문제점 소개	However, when I had to transfer, everything looked so confusing. Worse thing was it was crowded with many people.
해결 방법 소개	I calmly called my mom and asked the direction. She guided me over the phone. I eventually arrived at my grandma's home safely.
마무리	It was scary, but I felt proud of myself.
대중교통 이용 이유	혼자 지하철을 이용한 적이 한 번 있어요. 할머니께 뭔가를 전해 드리라고 요청받았어요. 엄마와 함께 여러 번 지하철을 이용해 봤기 때문에 처음에는 자신 있었습니다.
문제점 소개	하지만 제가 환승을 해야 할 때 모든 것이 혼란스러워 보였어요. 더 안 좋은 것은 많은 사람들로 붐볐다는 거예요.
해결 방법 소개	저는 침착하게 엄마께 전화를 걸어 길을 물었어요. 그녀는 전화로 길을 알려 주었어요. 결국 할머니 댁에 안전하게 도착했어요.
마무리	무서웠지만, 제 스스로가 자랑스럽게 느껴졌어요.

어휘 • confident 자신 있는 • transfer 갈아타다, 환승하다 • confusing 혼란스러운 • crowded 붐비는

답변 키워드 ● 대중교통 이용 ● 문제점 소개 ● 해결 방법 소개 ● 마무리
등장인물 ● 나, 버스 기사

대중교통 이용	→	About a month ago, I got on a bus to go back home. 오픽루키 Tip

문제점 소개	→	However, my traffic card didn't work. Somehow, it was broken. I didn't have cash. On top of that, it was too far to walk to home. I was embarrassed and didn't know what to do.

해결 방법 소개	→	I explained my situation to the bus driver. Thankfully, he let me ride the bus to my home. He told me to pay it next time and I did.

마무리	→	I was lucky to meet such a kind driver.

대중교통 이용	→	약 한 달 전에 집에 돌아가려고 버스에 탑승했어요.

문제점 소개	→	하지만 제 교통카드가 작동하지 않았어요. 어째서인지 고장이 나 있었어요. 저는 현금이 없었어요. 가뜩이나 집까지 걸어가기에는 너무 멀었어요. 저는 당황했고 어찌할지 몰랐어요.

해결 방법 소개	→	저는 버스 기사님께 제 상황을 설명 드렸어요. 감사하게도 그는 제가 집까지 버스를 타게 해 주셨어요. 그는 저에게 다음에 내라고 하셨고 저는 그렇게 했어요.

마무리	→	그렇게 친절한 기사님을 만나다니 행운이었어요.

어휘 • cash 현금 • embarrassed 당황스러운, 어색한

오픽 루키 Tip 과거 시제와 과거를 나타내는 부사

About a month ago, I got on a bus to go back home.

✚ 과거시제는 과거의 한 시점의 동작이나 상태를 나타내며 주로 과거를 나타내는 부사(구)와 함께 쓰입니다. 위 문장에서는 'ago = ~전에'라는 과거를 나타내는 부사가 나왔으므로 문장의 시제는 반드시 과거가 쓰여야 합니다. 'in + 과거연도' 역시 과거를 나타내는 부사구라 할 수 있습니다. 오픽에서 과거 경험을 묻는 문제가 많이 출제되기 때문에 과거를 나타내는 다양한 부사(구)를 잘 익혀 두세요.

*과거를 나타내는 부사(구) : yesterday, previously, last night, last Monday, last week, last weekend, last vacation, two years ago, long time ago 등.

> **Q1** Talk about some holidays in your country. When are they celebrated? What is the purpose of each holiday? How are holidays celebrated and what kinds of special food do people prepare? Provide details regarding the holidays.
>
> 한국의 명절에 대해 얘기해 보세요. 언제 그 명절을 기념하나요? 각 명절의 목적은 무엇이죠? 명절은 어떻게 기념하고, 사람들이 준비하는 특별한 음식이 뭔가요? 그 명절에 대해서 자세하게 말해 보세요.

모범 답변 ①

문제 유형 ● 이용하는 교통수단 묘사(소개)하기
답변 키워드 ● 간단한 답변 ▷ 명절 소개 ▷ 명절 목적과 음식 ▷ 마무리
등장인물 ● 나, 가족, 친척

간단한 답변	→	In my country, there are some major holidays. Let me give you details about the Lunar New Year.
명절 소개	→	It is usually in February. We follow the lunar calendar for this holiday, so the exact date changes every year. During the holiday, families and relatives get together in their hometown.
명절 목적과 음식	→	People eat Tteokguk to celebrate and appreciate the New Year. Tteokguk is Korean traditional rice cake soup.
마무리	→	I like the food and the holiday.

간단한 답변	→	우리나라에는 몇몇의 주요 명절들이 있어요. 설날에 대해 자세하게 얘기해 줄게요.
명절 소개	→	설날은 보통 2월에 있어요. 이 명절에 우리는 음력 달력을 따라서 정확한 날짜는 매해마다 바뀝니다. 설날 연휴에는 가족들과 친척들이 그들의 고향에 함께 모여요.
명절 목적과 음식	→	사람들은 새해를 기념하고 감사하기 위해 떡국을 먹습니다. 떡국은 한국의 전통 떡이 들어간 국이에요.
마무리	→	저는 그 음식과 명절이 좋아요.

어휘 • Lunar New Year 설날 • follow 따르다 • relative 친척

답변 키워드 ● 간단한 답변 ◎ 공휴일 목적 ◎ 공휴일 소개 ◎ 공휴일 음식 ◎ 마무리
등장인물 ● 나

간단한 답변 ── I am happy to get to tell you about Christmas.

공휴일 목적 ── It was originally to celebrate the birth of Jesus. However, it's more like a social event now.

공휴일 소개 ── During the days before Christmas, people decorate their places with the Christmas tree and other ornaments. <u>Since Christmas is in winter in my country, if we get lucky, we can enjoy a White Christmas.</u> 오픽 루키 Tip The scenery of a white Christmas is magnificent.

공휴일 음식 ── On Christmas, people light candles on a cake and celebrate the holiday together.

마무리 ── It's a beautiful holiday.

간단한 답변 ── 크리스마스에 대해 얘기하게 되어 기뻐요.

공휴일 목적 ── 그것은 원래 예수님의 탄생을 축하하기 위한 것이었어요. 하지만 지금은 사회적인 기념일이에요.

공휴일 소개 ── 크리스마스 며칠 전에 사람들은 집에 크리스마스트리와 다른 장식품들로 꾸며요. 우리나라에서 크리스마스는 겨울에 있기 때문에 운이 좋으면 화이트 크리스마스를 즐길 수 있어요. 화이트 크리스마스의 경치는 참으로 아름다워요.

공휴일 음식 ── 크리스마스 날에 사람들은 케이크에 촛불을 켜고 함께 기념일을 축하해요.

마무리 ── 그것은 정말 아름다운 휴일이에요.

어휘 • originally 원래 • social 사회적인 • ornament 장식품 • scenery 풍경
• magnificent 참으로 아름다운

오픽 루키 Tip 다양한 접속사 활용하기

Since Christmas is in winter in my country, if we get lucky, we can enjoy a White Christmas.

✚ 한 문장에 1~2개 정도의 접속사를 사용해서 실수 없이 답변할 수 있다면 고급 문장에 해당되기 때문에 플러스 점수를 받을 수 있습니다. 위 문장에는 2개의 접속사 (since, if)가 포함되어 있는데요. 'since'는 '~때문에'라는 이유의 접속사이고, 'because, as, now that'도 같은 뜻의 접속사입니다.

> Q2 **Do you think the way people celebrate holidays has changed? Compare the holidays of today to the holidays of the past. How has it changed? What are the differences and similarities? Give me as much detail as possible.**
>
> 사람들이 명절을 기념하는 방법이 변했다고 생각하나요? 오늘날의 명절과 과거의 명절을 비교해 보세요. 어떻게 변했나요? 다른 점과 비슷한 점이 무엇인가요? 가능한 한 자세하게 말해 보세요.

💡 모범 답변 ①

문제 유형 ● 여러 가지 질문에 대답하기
답변 키워드 ● 간단한 답변 ➡ 과거 명절 ➡ 오늘날 명절 ➡ 명절 활동 ➡ 마무리
등장인물 ● 나, 가족

간단한 답변	Yes, I think it has changed a lot because of the COVID-19.
과거 명절	Before the pandemic, my family used to visit grandfather's house and spend time with other relatives.
오늘날 명절	However, it's banned for many people to gather at a place. Now, we catch up on each other's news on the phone and stay at home.
명절 활동	Although my family doesn't go to our hometown, we still play some traditional games and prepare holiday foods. I miss the time when the whole family could get together.
마무리	I hope we can celebrate together again soon.

간단한 답변	네, 코로나 바이러스 때문에 많이 바뀐 것 같습니다.
과거 명절	팬데믹 전에 우리 가족은 할아버지 댁에 방문하여 친척들과 시간을 같이 보내곤 했어요.
오늘날 명절	하지만 많은 사람들이 한곳에 모이는 것이 금지됐습니다. 지금은 전화로 근황을 이야기하고 집에 있어요.
명절 활동	우리 가족은 비록 고향에 가지 않지만, 여전히 전통적인 게임을 하고 명절 음식을 준비해요. 온 가족이 함께 모일 수 있었던 그때가 그리워요.
마무리	곧 다시 함께 기념할 수 있길 바랍니다.

답변 키워드 ● 간단한 답변 ◎ 우리집 과거 명절 ◎ 우리집 현재 명절 ◎ 친구집 현재 명절 ◎ 마무리
등장인물 ● 나, 가족

| 간단한 답변 | I think it depends on families. |

| 우리집 과거 명절 | In the past, during holidays, visiting hometowns was common for most people. The traffic jam didn't matter, even if it made the journey three times longer than usual. 오픽루키 Tip One example is my family. |

| 우리집 현재 명절 | We still travel to some relatives' houses on the holidays. |

| 친구집 현재 명절 | On the contrary, some of my friends' families just go on a trip to recreation areas. |

| 마무리 | It looks nice to travel to good places, but I prefer to spend an enjoyable time with my cousins once in a while. |

| 간단한 답변 | 가족들마다 다른 것 같아요. |

| 우리집 과거 명절 | 과거에는 명절 동안 고향을 방문하는 것은 일반적이었어요. 교통 체증이 평소보다 세 배 오래 걸려도 큰 문제가 아니었어요. 우리 가족이 하나의 본보기예요. |

| 우리집 현재 명절 | 우리는 여전히 명절에 친척집 몇 군데를 다녀요. |

| 친구집 현재 명절 | 그와는 반대로, 저의 몇몇 친구의 가족들은 그냥 휴양지로 여행을 가요. |

| 마무리 | 좋은 곳으로 여행을 가는 것은 좋아 보이지만, 저는 때때로 친척들과 즐거운 시간을 보내는 것이 더 좋아요. |

어휘 • depend on ~에 따라 다르다 • traffic jam 교통 체증 • on the contrary 그와는 반대로

오픽루키 Tip 과거 시제와 과거를 나타내는 부사(구)

In the past, during holidays, visiting hometowns was common for most people. The traffic jam didn't matter, even if it made the journey three times longer than usual.

➕ 과거시제는 과거의 한 시점의 동작이나 상태를 나타내며 주로 과거를 나타내는 부사(구)와 함께 쓰입니다. 위 문장에서는 'in the past = 과거에는'이라는 과거를 나타내는 전치사구(=부사구)가 나왔으므로 문장의 시제는 반드시 과거가 쓰여야 합니다. 'in + 과거 연도' 역시 과거를 나타내는 부사구로 함께 알아 두세요.

Actual Test 1

Actual Test ①

자기소개 • 오픽 1번 문제로 무조건 출제 (1분)

01 Let's start the interview now. Please tell me a little bit about yourself.

콤보① 약속 돌발 주제 3문제 연속 출제 (4~5분)

02 Appointments are made by people for a variety of reasons. Some of these include scheduling a time to go see a doctor, dentist, teacher, friend, or someone else. What types of appointments do you usually schedule? Who do you typically schedule appointments with? Do you find it difficult to schedule these appointments?

03 What types of steps are taken when making an appointment? What things do you need to consider when scheduling an appointment? What sequence do you follow when making an appointment?

04 Discuss the last appointment that you had and the circumstances surrounding it. What was the reason for this appointment? Who were the people involved in this appointment? What was the outcome of this appointment? Was it what you expected?

콤보② 해변에 가기 3문제 연속 출제 (약 5분)

05 You indicated that you go to the beaches in the survey. What kind of clothes do you usually wear when going to the beach? Describe your favorite beachwear for me in detail.

06 What kind of items do you have to bring when going to the beach? Why do you bring them with you? Please list all of them with a lot of details.

07 Let's talk about an interesting or memorable thing you have experienced at the beach. When and where did it occur? Who were you with? Why was it so memorable to you? Tell me about the memorable experience with a lot of details.

난이도 재조정

08 Tell me about one of your favorite reality shows. What is it about? Give me all the details.

09 Where does the reality program you watch take place? Why does it take place at that venue? What is so special about that location? Tell me everything about the place the show is shot at.

10 What was the latest episode of the reality show you've watched? What was so memorable about that episode? Give me all the details about what made that particular episode more memorable.

11 I'd like to give you a situation and ask you to act it out. You would like to take a friend of yours to a concert for his/her birthday. Contact the ticket office and ask three to four questions regarding this event prior to buying the tickets.

12 I'm sorry, but there is a problem I need you to resolve. After buying the tickets, you realize that you will be unable to go to the concert with your friend. Call him/her and leave a recorded message explaining the predicament and offer a possible resolution to this problem.

13 Excellent! That's the end of the situation. Have you ever been forced to miss a performance or show that you really hoped to attend? If so, provide background as to where and when this happened and who were you with. Also, give me a detailed account of the situation in regard to everything that happened.

14 I would like to know what people usually do in their free time in your country. What kinds of activities do people usually do? Why those activities are popular?

15 I also like to do things in my free time. Ask some questions to know what kinds of activities I do when I have free time.

시험 종료

자기소개 • 오픽 1번 문제로 무조건 출제(1분)

01 Let's start the interview now. Please tell me a little bit about yourself.

이제 인터뷰를 시작하겠습니다. 자기소개를 해 보세요.

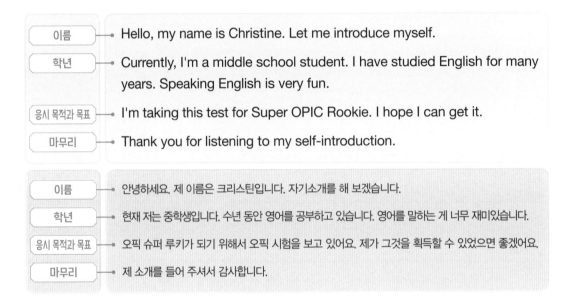

이름	→	Hello, my name is Christine. Let me introduce myself.
학년	→	Currently, I'm a middle school student. I have studied English for many years. Speaking English is very fun.
응시 목적과 목표	→	I'm taking this test for Super OPIC Rookie. I hope I can get it.
마무리	→	Thank you for listening to my self-introduction.

이름	→	안녕하세요. 제 이름은 크리스틴입니다. 자기소개를 해 보겠습니다.
학년	→	현재 저는 중학생입니다. 수년 동안 영어를 공부하고 있습니다. 영어를 말하는 게 너무 재미있습니다.
응시 목적과 목표	→	오픽 슈퍼 루키가 되기 위해서 오픽 시험을 보고 있어요. 제가 그것을 획득할 수 있었으면 좋겠어요.
마무리	→	제 소개를 들어 주셔서 감사합니다.

어휘 • take a test 시험을 보다 • self-introduction 자기소개

02 Appointments are made by people for a variety of reasons. Some of these include scheduling a time to see a doctor, dentist, teacher, friend, or someone else. What types of appointments do you usually schedule? Who do you typically schedule appointments with? Do you find it difficult to schedule these appointments?

사람들은 다양한 이유로 약속을 합니다. 어떤 약속은 병원, 치과, 선생님, 친구, 또는 다른 누군가를 보러 가기 위해서 시간을 조정하는 것을 포함합니다. 학생은 주로 어떤 종류의 약속 일정을 잡나요? 보통 누구와 함께 약속을 하죠? 이런 약속들을 하는 게 어렵나요?

간단한 답변	In life, there are many situations when we need to make appointments.
약속 목적 1	I usually make appointments with my friends to hang out or do homework together.
약속 목적 2	Also, since I am wearing braces, I regularly make appointments with a dentist.
약속 목적 3	When I am sick, I make an appointment at the clinic before I go there.
마무리	I think making appointments is not difficult these days. Thanks to the telephone, we can easily get it done.

간단한 답변	살면서 약속을 해야 하는 상황들은 많이 있습니다.
약속 목적 1	저는 함께 시간을 보내거나 과제를 하기 위해서 친구들과 주로 약속을 합니다.
약속 목적 2	또한 제가 치아 교정기를 하고 있어서, 정기적으로 치과 예약을 합니다.
약속 목적 3	몸이 아프면, 방문하기 전에 병원 예약을 합니다.
마무리	요즘에는 약속을 잡는 게 어렵지 않은 것 같아요. 전화기 덕분에 우리는 쉽게 약속을 잡을 수 있습니다.

어휘 ・make an appointment 약속을 하다, 예약하다 ・do homework 과제(숙제)를 하다 ・brace 치아 교정기
・regularly 정기적으로, 규칙적으로

03 What types of steps are taken when making an appointment? What things do you need to consider when scheduling an appointment? What sequence do you follow when making an appointment?

약속을 잡을 때 어떤 종류의 단계를 거치나요? 약속 일정을 잡을 때 어떤 것들을 고려할 필요가 있나요? 약속을 할 때 학생은 어떤 순서를 따르나요?

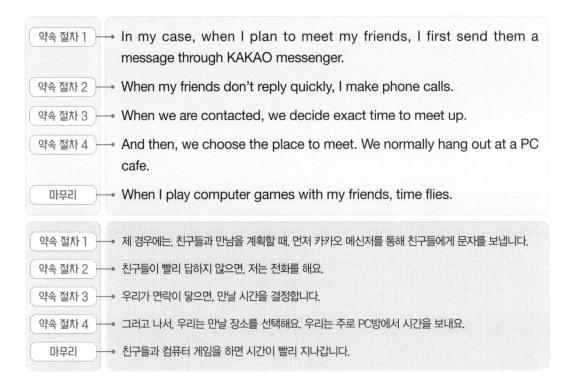

약속 절차 1	In my case, when I plan to meet my friends, I first send them a message through KAKAO messenger.
약속 절차 2	When my friends don't reply quickly, I make phone calls.
약속 절차 3	When we are contacted, we decide exact time to meet up.
약속 절차 4	And then, we choose the place to meet. We normally hang out at a PC cafe.
마무리	When I play computer games with my friends, time flies.

약속 절차 1	제 경우에는, 친구들과 만남을 계획할 때, 먼저 카카오 메신저를 통해 친구들에게 문자를 보냅니다.
약속 절차 2	친구들이 빨리 답하지 않으면, 저는 전화를 해요.
약속 절차 3	우리가 연락이 닿으면, 만날 시간을 결정합니다.
약속 절차 4	그리고 나서, 우리는 만날 장소를 선택해요. 우리는 주로 PC방에서 시간을 보내요.
마무리	친구들과 컴퓨터 게임을 하면 시간이 빨리 지나갑니다.

어휘 • reply 대답하다 • quickly 빨리 • hang out 시간을 보내다 • time flies 시간이 빨리 간다, 세월이 빠르다

04 Discuss the last appointment that you had and the circumstances surrounding it. What was the reason for this appointment? Who were the people involved in this appointment? What was the outcome of this appointment? Was it what you expected?

학생이 마지막으로 했던 약속과 그 약속을 둘러 싼 상황들을 말해보세요. 약속을 한 이유는 무엇이었나요? 그 약속에 참여한 사람들은 누구인가요? 그 약속의 결과는 어땠죠? 학생이 예상했던 대로였나요?

약속 이유	Last weekend, it was my best friend's birthday. She threw a party at a family restaurant. I and many of her other friends were invited.
약속 장소	The place was so pretty. It was decorated with a lot of balloons and ornaments.
활동 1	Moreover, the foods were also very delicious. We sang and danced around.
활동 2	We also took so many pictures for Instagram. The party was very successful.
마무리	It was more fun than I expected.

약속 이유	지난 주말이 가장 친한 친구의 생일이었어요. 그녀는 패밀리 레스토랑에서 파티를 열었죠. 저와 그녀의 많은 다른 친구들이 초대되었습니다.
약속 장소	장소는 너무 예뻤어요. 레스토랑은 수많은 풍선들과 장식품들로 꾸며져 있었습니다.
활동 1	게다가, 음식 또한 너무 맛있었습니다. 우리는 노래를 부르고 춤을 췄어요.
활동 2	우리는 또한 인스타그램에 올릴 사진들을 많이 찍었어요. 파티는 매우 성공적이었습니다.
마무리	제가 예상했던 것보다 더 재미있었어요.

어휘 • throw a party 파티를 열다, 잔치를 벌이다 • decorate 꾸미다, 장식하다 • ornament 장식품
• delicious 맛있는 • than I expected 예상했던 것보다

콤보② 해변에 가기 3문제 연속 출제 (약 5분)

05 You indicated that you go to the beaches in the survey. What kinds of clothes do you usually wear when going to the beach? Describe your favorite beachwear for me in detail.

설문조사에서 해변에 간다고 했습니다. 해변에 갈 때 학생은 주로 어떤 옷을 입나요? 좋아하는 수영복을 자세하게 묘사해 보세요.

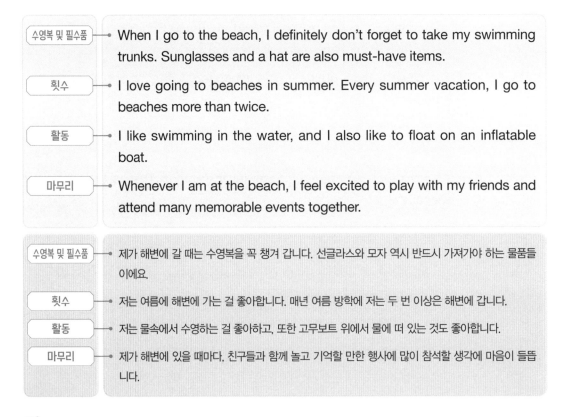

수영복 및 필수품	When I go to the beach, I definitely don't forget to take my swimming trunks. Sunglasses and a hat are also must-have items.
횟수	I love going to beaches in summer. Every summer vacation, I go to beaches more than twice.
활동	I like swimming in the water, and I also like to float on an inflatable boat.
마무리	Whenever I am at the beach, I feel excited to play with my friends and attend many memorable events together.

수영복 및 필수품	제가 해변에 갈 때는 수영복을 꼭 챙겨 갑니다. 선글라스와 모자 역시 반드시 가져가야 하는 물품들이에요.
횟수	저는 여름에 해변에 가는 걸 좋아합니다. 매년 여름 방학에 저는 두 번 이상은 해변에 갑니다.
활동	저는 물속에서 수영하는 걸 좋아하고, 또한 고무보트 위에서 물에 떠 있는 것도 좋아합니다.
마무리	제가 해변에 있을 때마다, 친구들과 함께 놀고 기억할 만한 행사에 많이 참석할 생각에 마음이 들뜹니다.

어휘 • definitely 분명히 • swimming trunks (남성용) 수영복 • must-have 꼭 필요한, 반드시 가져가야 하는 • float 물 위에 뜨다, 물 위에서 떠가다 • inflatable 부풀릴 수 있는

06

What kinds of items do you have to bring when going to the beach? Why do you bring them with you? Please list all of them with a lot of details.

해변에 갈 때 어떤 물품들을 가져가야 하나요? 왜 그 물품들을 가져가죠? 챙겨가는 모든 물품들을 자세하게 나열해 보세요.

간단한 답변	→	Besides the things that I told you before, there are lots of other items.
필수품 1	→	First, I bring swimming goggles which I wear while I swim under the water.
필수품 2	→	After I swim in the water, I use my beach towel to wipe off the water.
필수품 3	→	When I stay in the sun for a long time, I make sure that I put on sunscreen all over my body. It's to protect my skin from sunburn.
필수품 4	→	The final item I never forget is Crocs since the sand is hot and has sharp fragments.
마무리	→	They are needed.

간단한 답변	→	제가 앞서서 말씀드렸던 것들을 제외하고도 많은 다른 물품들이 있습니다.
필수품 1	→	먼저, 저는 물속에서 수영할 때 쓰는 물안경을 가져갑니다.
필수품 2	→	물속에서 수영을 한 후에, 저는 물을 닦기 위해서 해변용 수건을 사용해요.
필수품 3	→	태양 아래에서 오래 머무를 때는, 온 몸에 선크림을 꼭 바릅니다. 선크림은 제 피부를 화상으로부터 보호해 줍니다.
필수품 4	→	모래가 뜨겁고 날카로운 파편들이 있기 때문에 마지막으로 절대 잊지 않는 물품은 크록스예요.
마무리	→	이런 것들이 필요합니다.

어휘 • besides ~외에, ~을 제외하고 • swimming goggles 물안경 • wipe 닦다 • sunscreen 선크림
• protect A from B B로부터 A를 보호하다, 예방하다 • sunburn 화상 • fragment 파편

07 Let's talk about an interesting or memorable thing you have experienced at the beach. When and where did it occur? Who were you with? Why was it so memorable to you? Tell me about the memorable experience with a lot of details.

해변에서 겪었던 재미있거나 기억에 남는 일에 대해서 얘기해보겠습니다. 언제, 어디에서 일어난 일인가요? 학생은 누구와 있었죠? 왜 학생에게 그렇게 기억에 남는 건가요? 그 기억에 남는 경험을 자세하게 말해 보세요.

시간	The most memorable experience happened in 2020. I went to the beach with my best friends.
상황 설명	While we were swimming in the water, suddenly something happened. I was swept away by big waves. I was extremely frightened. Thankfully, one of my friends discovered me in trouble, and he rescued me from the water.
교훈	I learned a lesson that day. I would never play in the big waves again.
마무리	We must remember that nature can be dangerous.

시간	가장 기억에 남는 경험은 2020년에 일어났습니다. 가장 친한 친구들과 해변에 갔어요.
상황 설명	우리가 물속에서 수영을 하고 있는 동안에, 갑자기 어떤 일이 일어났어요. 저는 큰 파도에 휩쓸렸습니다. 저는 극도로 무서웠습니다. 감사하게도, 친구들 중 한 명이 곤경에 처한 저를 발견했고, 저를 물속에서 구해 줬습니다.
교훈	저는 그날 교훈을 하나 배웠습니다. 저는 다시는 큰 파도에서 놀지 않을 거예요.
마무리	자연은 위험할 수 있다는 것을 우리는 항상 기억해야 합니다.

어휘 • memorable 기억에 남는 • suddenly 갑자기 • extremely 매우, 극히
• frightened 무서운 • nature 자연

08 Tell me about one of your favorite reality shows. What is it about? Give me all the details.

학생이 가장 좋아하는 리얼리티 쇼 중 하나를 말해 보세요. 어떤 쇼인가요? 자세하게 말해 보세요.

리얼리티 쇼 소개	My favorite reality show is 'Mr. Beak's Backstreet Restaurant.' It is about helping people whose restaurant business is in trouble.
주인공 소개	Mr. Beak is one of the most successful CEOs in the food service industry.
콘셉트 1	On every episode, he first monitors how the owner of the restaurant runs their business.
콘셉트 2	After that, Mr. Beak gives advice on the services that need to be improved.
콘셉트 3 및 마무리	He also shares many tips how to make the foods more delicious.

리얼리티 쇼 소개	제가 가장 좋아하는 리얼리티 쇼는 백종원의 '골목 식당'입니다. 식당 사업이 어려운 사람들을 도와주는 쇼입니다.
주인공 소개	백 선생님은 음식 서비스 산업에서 가장 성공한 대표 이사 중의 한 명입니다.
콘셉트 1	모든 에피소드에서, 그는 먼저 식당 주인이 식당을 어떻게 운영하는지를 모니터합니다.
콘셉트 2	그리고 나서, 백 선생님은 개선될 필요가 있는 서비스에 대해 조언을 해 줘요.
콘셉트 3 및 마무리	그는 또한 음식을 더 맛있게 만들 수 있는 많은 비법을 공유합니다.

어휘 • monitor 감시하다, 추적 감찰하다 • advice 조언, 충고

09 Where does the reality program you watch take place? Why does it take place at that venue? What is so special about that location? Tell me everything about the place the show is shot at.

학생이 시청하는 리얼리티 프로그램은 어디에서 촬영이 진행되나요? 왜 그 장소에서 촬영을 하죠? 그 위치에 대해서 아주 특별한 게 무엇인가요? 그 쇼가 촬영되는 장소에 대해서 모든 것을 말해 보세요.

촬영 장소 1	The show is filmed at different restaurants every time. The sizes of the restaurants are all small.
프로그램 제목	The title of the show is also 'Backstreet Restaurant.'
촬영 장소 2	The shots are taken in many different restaurant locations. When it's necessary, they go all over the country.
촬영 팀	The filming team go to the site to make the show more realistic. You know, they can't move the restaurants to the studio.
마무리	Guess what? One time, the show was filmed in my neighborhood.

촬영 장소 1	그 쇼는 매번 다른 식당에서 촬영됩니다. 식당 규모는 모두 작아요.
프로그램 제목	그 쇼의 제목은 또한 '골목식당'입니다.
촬영 장소 2	촬영은 많은 다른 식당 장소에서 이뤄집니다. 필요하다면, 국내 모든 곳에 가요.
촬영 팀	촬영 팀은 그 쇼를 더 현실적으로 만들기 위해서 직접 현장에 갑니다. 아시다시피, 촬영 팀이 식당을 스튜디오로 옮길 수 없어요.
마무리	그거 아세요? 한 번은 그 쇼가 우리 동네에서 촬영됐어요.

어휘 • film 촬영하다 • title 제목 • realistic 현실적인 • neighborhood 이웃

10 What was the latest episode of the reality show you've watched? What was so memorable about that episode? Give me all the details about what made that particular episode more memorable.

학생이 시청하는 그 리얼리티 쇼의 가장 최근 에피소드는 무엇이었나요? 왜 그 에피소드가 그렇게 기억에 남았나요? 무엇이 그 특정 에피소드를 더욱 기억에 남게 했는지 자세하게 말해 보세요.

최근 에피소드 → The latest episode was about a pork cutlet restaurant. The owners were a married couple. They worked really hard. However, the business was not very successful.

상황 설명 → Mr. Beak monitored every detail of their business. Then he said compared to the quality of the food, the price is too low. He told them to raise the price. Later, after the couple took his advice, they earned a lot of money quickly and moved to a bigger place.

교훈 및 마무리 → This episode was memorable because I learned a lesson that hard work eventually pays off.

최근 에피소드 → 가장 최근 에피소드는 돈가스 식당 편이었어요. 식당 주인들은 결혼한 부부였습니다. 그들은 정말 열심히 일했어요. 그런데 사업은 아주 성공적이지 못했어요.

상황 설명 → 백 선생님은 그들의 사업의 모든 것들을 모니터했습니다. 그러고 나서, 그는 음식의 품질을 비교해 볼 때, 가격이 너무 저렴하다고 했습니다. 그는 사장님들에게 가격을 인상하라고 했습니다. 나중에, 사장님 부부가 백 선생님의 조언을 받고 나서, 그들은 곧 많은 돈을 벌게 됐고, 더 큰 식당으로 옮겼습니다.

교훈 및 마무리 → 열심히 일하면 결국 성공한다는 교훈을 배웠기 때문에 이 에피소드가 기억에 남습니다.

어휘 • pork cutlet 돈가스 • owner 주인, 사장 • compared to ~와 비교해볼 때 • low 낮은
• pay off 성공하다 • raise 올리다, 높이다 • advice 조언, 충고 • quickly 곧, 빨리

11 I'd like to give you a situation and ask you to act it out. You would like to take a friend of yours to a concert for his/her birthday. Contact the ticket office and ask three to four questions regarding this event prior to buying the tickets.

상황을 드릴 테니, 역할 연기를 해보세요. 학생은 친구의 생일에 당신의 친구를 콘서트에 데려가고 싶습니다. 매표소에 전화해서 티켓을 구매하기 전에 이 콘서트 행사에 대해서 3~4가지 질문을 해 보세요.

전화 목적	Hello, I would like to book tickets for the Black Pink concert.
질문 1	Are there any seats left? Are they sitting seats or standing seats? I will take the standing seats. We will have no time to sit.
질문 2	Is there any birthday discount? I would like to go with my friend. It's for my friend's birthday.
질문 3	Could you tell me the rules that we need to follow? I don't want to ruin the mood with inappropriate behaviors.
마무리	Thank you!

전화 목적	여보세요? 블랙핑크 콘서트 티켓을 예약하고 싶습니다.
질문 1	남아 있는 좌석이 있나요? 앉을 수 있는 자리인가요? 아니면 서서 보는 자리인가요? 저는 스탠딩 좌석으로 하겠습니다. 우리는 앉을 시간이 없을 거예요.
질문 2	혹시 생일 할인이 있나요? 친구와 함께 가고 싶어요. 제 친구의 생일을 축하하기 위한 거예요.
질문 3	우리가 따라야 할 규칙이 있으면 말씀해 주시겠어요? 부적절한 행동으로 분위기를 망치고 싶지는 않아요.
마무리	감사합니다!

어휘 • discount 할인 • follow 따르다, 지키다 • ruin 망치다 • inappropriate behaviors 부적절한 행동

12   I'm sorry, but there is a problem I need you to resolve. After buying the tickets, you realize that you will be unable to go to the concert with your friend. Call him/her and leave a recorded message explaining the predicament and offer a possible resolution to this problem.

죄송하지만, 해결해야 할 문제가 있습니다. 티켓을 구매한 이후에 친구와 함께 콘서트에 갈 수 없을 거라는 걸 알게 됩니다. 친구에게 전화해서 학생이 처한 곤경을 설명하면서 녹음 메시지를 남기고 이 문제에 대한 해결책을 한 가지 제안해 보세요.

전화 목적	Hey, this is Jinwoo. I feel bad that I can't make it to the concert.
상황 설명	I was in a car accident yesterday. I got my leg broken. Don't worry I am okay though. However, I feel really bad that I can't keep my promise with you. I talked to the ticket office, but they said we can't cancel the tickets.
해결책 1	So, I think you should find another person to go with you. I am terribly sorry that I am telling you at the last minute.
해결책 2	In case you can't find anyone, you can take my brother instead.
마무리	Sorry.

전화 목적	친구야, 나 진우야. 콘서트에 갈 수 없어서 기분이 별로야.
상황 설명	어제 내가 교통사고가 났어. 다리가 부러졌어. 그래도 나는 괜찮으니까 걱정은 안 해도 돼. 하지만 너하고 약속을 지킬 수 없다는 게 정말 마음이 안 좋아. 내가 매표소에 얘기해봤는데, 우리가 그 티켓을 취소할 수 없다는 거야.
해결책 1	그래서 네가 너하고 함께 갈 수 있는 다른 친구를 알아봐야 할 것 같아. 임박해서 너한테 말해줘서 정말 미안하다.
해결책 2	네가 다른 사람을 찾을 수 없다면, 대신에 내 동생을 데려가도 되고.
마무리	미안하다.

어휘   • car accident 자동차 사고   • cancel 취소하다   • terribly 너무, 대단히, 몹시
      • at the last minute 마지막 순간에, 임박해서

13 Excellent! That's the end of the situation. Have you ever been forced to miss a performance or show that you really hoped to attend? If so, provide background as to where and when this happened and who were you with. Also, give me a detailed account of the situation in regard to everything that happened.

훌륭합니다! 이제 상황은 종료되었습니다. 학생은 정말 참석하기를 바랐던 공연이나 쇼를 놓칠 수 밖에 없었던 적이 있었나요? 있었다면, 그 일이 어디에서, 언제 일어났고 학생은 누구와 함께 있었는지 배경 설명을 제공해 주세요. 또한 그날 일어났던 모든 일들과 관련된 상황을 자세하게 설명해 보세요.

| 간단한 답변 | → | Yes, I have. |

| 문제점 | → | About three years ago, on the same day with a concert, my grandfather passed away. I really wanted to go to the concert, but I had no choice. |

| 상황 설명 | → | I had to be at the funeral. I really didn't want to miss the concert, but the funeral was more important to me. I didn't even feel bad about the concert. I was so sad to lose my grandfather. I was glad that I could be with my parents. They said that I am a big comfort. |

| 마무리 | → | Anyway, luckily, I went to the same concert a year later. |

| 간단한 답변 | → | 네, 그런 경험이 있습니다. |

| 문제점 | → | 약 3년 전에, 콘서트 당일에 할아버지가 돌아가셨습니다. 콘서트에 정말 가고 싶었지만, 선택의 여지가 없었습니다. |

| 상황 설명 | → | 저는 장례식장에 있어야 했어요. 그 콘서트를 정말 놓치고 싶지 않았지만, 장례식이 저에게 더 중요했습니다. 콘서트에 대해서는 아쉽지도 않았어요. 할아버지를 잃은 게 너무 슬펐습니다. 저는 부모님과 함께 있을 수 있어서 기뻤어요. 부모님은 제가 큰 위로가 되었다고 했습니다. |

| 마무리 | → | 어쨌든, 운이 좋게도, 저는 1년 후에 같은 콘서트에 갔습니다. |

어휘 • pass away 돌아가시다, 사망하다 • funeral 장례식 • miss 놓치다 • lose 잃다 • comfort 위로, 위안 • luckily 운이 좋게도

콤보 ⑤ 여가 시간 돌발 주제 2문제 연속 출제 (약 3분)

14 I would like to know what people usually do in their free time in your country. What kinds of activities do people usually do? Why are those activities popular?

한국 사람들은 여가 시간에 무엇을 하는지를 알고 싶습니다. 사람들은 주로 어떤 활동들을 하나요? 왜 그 활동들이 인기가 있는 건가요?

여가 활동 ⟶ A lot of people in my country usually watch YouTube in their free time. It has various kinds of videos. You can get tons of information about what you are interested in. I also enjoy watching YouTube.

주말 활동 ⟶ On weekends, people go hiking, ride bicycles, and do many different activities. Those activities are popular because they don't cost a lot and help the people to become healthy.

마무리 ⟶ Not only that, people find these activities refreshing.

여가 활동 ⟶ 많은 한국 사람들은 주로 여가 시간에 유튜브를 시청해요. 유튜브는 아주 다양한 종류의 영상을 보유하고 있습니다. 당신이 관심이 있는 것에 대해 엄청난 정보를 얻을 수 있습니다. 저 또한 유튜브 보는 것을 즐깁니다.

주말 활동 ⟶ 주말에는, 사람들이 등산을 가고, 자전거를 타며, 많은 다양한 활동들을 합니다. 이런 활동들은 돈이 많이 들지 않고, 사람들이 건강해질 수 있게 도와주기 때문에 인기가 많습니다.

마무리 ⟶ 비단 그뿐 아니라, 사람들은 기분을 북돋워 주는 활동들이라고 생각해요.

 어휘
• free time 여가 시간, 자유 시간 • popular 인기 있는 • cost 비용이 들다
• not only that 비단 그뿐 아니라 • refresh 생기를 되찾다, 상쾌하게 하다

15   I also like to do things in my free time. Ask some questions to know what kinds of activities I do when I have free time.

저 또한 여가 시간에 활동하는 것을 좋아합니다. 제가 여가 시간에 어떤 활동을 하는지 알 수 있도록 몇 가지 물어 보세요.

질문 1	When do you usually have free time? I normally have some between classes and after school.
질문 2	What kinds of activities do you do in your leisure time? I usually play soccer with my friends or play computer games.
질문 3	Can you tell me why you like to do those activities? I like my hobbies because they are fun. They help me relieve stress.
질문 4	Do you feel happy when you do those activities?
마무리	I hope you do.

질문 1	당신은 언제 자유 시간을 가지나요? 저는 보통 수업 사이에 그리고 방과 후에 자유 시간이 있습니다.
질문 2	당신은 여가 시간에 어떤 활동들을 하나요? 저는 보통 친구들과 축구를 하거나 컴퓨터 게임을 합니다.
질문 3	당신이 왜 그런 활동들을 좋아하는지 말해 주시겠어요? 저는 그 활동이 재미있어서 제 취미를 좋아합니다. 그런 활동들은 스트레스를 풀 수 있게 해 줍니다.
질문 4	당신은 그런 활동들을 할 때 행복한 기분이 드나요?
마무리	당신이 행복한 기분이 들기를 바랍니다.

어휘 • leisure time 여가 시간, 자유 시간   • relieve stress 스트레스를 풀다, 해소하다

Actual Test 2

Actual Test ❷

자기소개 • 오픽 1번 문제로 무조건 출제 (1분 30초)

01 Let's start the interview now. Please tell me a little bit about yourself.

콤보❶ 가전제품 돌발 주제 3문제 연속 출제 (5~6분)

02 What types of appliances are used with someone's home? Are microwaves, dishwashers, garbage disposals, etc. used within the home? Aside from these items, what other types of appliances are used for tasks within the home?

03 Select the most essential appliance you use within the home. What is the specific purpose for this appliance? What other alternative would you have if you did not have the option to use this appliance?

04 Discuss a time when you were placed in a situation where a particular appliance malfunctioned. What was wrong with the appliance? What did you need to do in order to address the problem with it? Did you need to have it repaired or were you able to repair it yourself? Were you able to use it again?

콤보❷ 사진 촬영하기 3문제 연속 출제 (6분)

05 You indicated in the survey you enjoy taking pictures. When and where do you usually take pictures? And who do you take pictures with?

06 What do you prepare before you take pictures? Tell me about all the things you do before snapping some pictures.

07 Tell me about the most memorable experience while taking a picture. When was it? Who was with you?

난이도 재조정

08 Identify the room where you spend most of your time while in your home in detail.

09 Talk about your childhood home. Describe how it has changed over the years.

10 Talk about a noteworthy experience you have had with family members or your friends in your house. What made this experience special or unique?

11 I'd like to give you a situation and ask you to act it out. You walk past your favorite shop, and see a poster that says they are offering big discounts. Pretend that you enter the store and then ask the sales representative some questions about the sale.

12 I'm sorry, but there is a problem I need you to resolve. You bought a product at the shop, but once you return home, you discover that the product is broken. You telephone the shop in order to tell them about the problem. Describe the problem and provide two options to solve this problem.

13 Great! That's the end of the situation. Can you remember a time when you purchased a product that malfunctioned or was broken? I'd like you to describe an experience in which you were dissatisfied with something you bought. Describe the item you bought and what the trouble with it was, and explain to me how you resolved the problem.

14 Over the years, explain some of the changes that you have noticed in regard to domestic or international trips. Tell me about these changes in as much detail as possible.

15 Why do you think that a vacation is important or necessary for people? How is it good for one's health or relationship with other people? How have people been affected by vacation?

시험 종료

자기소개 • 오픽 1번 문제로 무조건 출제 (1분 30초)

01 Let's start the interview now. Please tell me a little bit about yourself.

이제 인터뷰를 시작하겠습니다. 자기소개를 해 보세요.

신분 & 이름 ➝ Hello, I'm Ji Hye from Sehwa Girl's High School in Seoul.

영어 공부 1 ➝ Before entering elementary school, I played a lot of English games, and I started learning English in elementary school. In fact, I didn't know any words at first, so I studied words and basic grammar.

영어 공부 2 ➝ Besides, I have practiced reading, listening, and writing and now, I'm trying to speak English fluently. To me, speaking practice is the most interesting way of studying English.

목표 ➝ I'm a little nervous right now, but I will just enjoy telling you my stories as my English teacher told me to.

마무리 ➝ Still, I'll do a good job and get an AL today.

신분 & 이름 ➝ 안녕하세요, 저는 서울에 있는 세화 여고에 다니고 있는 지혜입니다.

영어 공부 1 ➝ 초등학교에 입학하기 전에 저는 많은 영어 게임을 했고, 초등학교 때 영어를 공부하기 시작했어요. 사실, 저는 처음에 단어를 알지 못해서 단어와 기초 문법을 공부했어요.

영어 공부 2 ➝ 게다가, 저는 읽기, 듣기, 그리고 쓰기를 연습했고, 지금은 영어를 유창하게 말하려고 노력하고 있어요. 저에게 말하기 연습은 영어를 공부하는 데 있어서 가장 재미있는 방법이에요.

목표 ➝ 지금은 좀 긴장이 되지만, 영어 선생님이 저에게 얘기했던 것처럼, 당신에게 제 이야기를 즐기면서 말할 거예요.

마무리 ➝ 계속해서 저는 오늘 잘해서 AL을 받을 거예요.

어휘 • fluently 유창하게 • nervous 긴장 되는

콤보① 가전제품 돌발 주제 3문제 연속 출제 (5~6분)

02 What types of appliances are used with someone's home? Are microwaves, dishwashers, garbage disposals, etc. used within the home? Aside from these items, what other types of appliances are used for tasks within the home?

집에서는 어떤 종류의 가전제품들이 사용되나요? 전자레인지, 식기세척기, 음식물 쓰레기 처리기, 등이 집에서 사용되나요? 이런 기기들을 제외하고, 집에서 어떤 다른 종류의 가전제품들이 집안일을 위해서 사용되나요?

가전제품 용도 — There are so many types of home appliances. Some products are essential to modern life, and some just seem to ease our lifestyle.

가전제품 1 — Among the items you mentioned, I think the microwave is the most common. These days, there are a lot of food products that just need to be heated, so most people would have microwaves.

가전제품 2 — However, I don't think the majority of households in Korea have the other two items. In Korea, if you ask people what the fundamental home appliances are, those machines wouldn't be included, but people would say that it would be nice to have them at home. Like these, there are other more products that improve our quality of life, such as a robotic vacuum, a steam closet, and so on.

가전제품 3 & 마무리 — Well, I wish my home has a garbage disposal so I don't have to take the food waste out every week.

가전제품 용도 — 매우 많은 종류의 가전제품이 있습니다. 어떤 제품들은 현대 삶에 필수적이고, 어떤 것들은 그저 우리의 생활 방식을 더 편리하게 해 주는 것 같아요.

가전제품 1 — 당신이 언급한 제품들 중에서는 전자레인지가 가장 흔한 것 같아요. 요즘에는 그저 데우기만 하면 되는 식료품들이 많아서 대부분의 사람들이 전자레인지를 갖고 있어요.

가전제품 2 — 하지만 저는 한국의 대다수의 가정이 나머지 두 제품을 갖고 있다고 생각하지 않아요. 한국에서 만약 사람들에게 기본적인 가전제품이 무엇이냐고 물어본다면, 그 기계들은 포함되지 않지만, 집에 있으면 좋을 거라고 말할 거예요. 이것들처럼 로봇 청소기와 스팀 옷장 등과 같이 우리 삶의 질을 향상시켜 주는 다른 제품들이 더 있어요.

가전제품 3 & 마무리 — 음, 매주 음식물 쓰레기를 버리지 않아도 되도록 집에 음식물 쓰레기 처리기가 있으면 좋겠어요.

어휘 • appliance 가전제품 • essential 필수적인 • fundamental 기본적인, 필수적인

03   Select the most essential appliance you use within the home. What is the specific purpose for this appliance? What other alternative would you have if you did not have the option to use this appliance?

집안에서 학생이 이용하는 가장 필수적인 가전제품을 골라 보세요. 이 가전제품의 특정한 용도는 무엇인가요? 이 가전제품을 사용할 수 없다면, 어떤 다른 대안을 가지고 있나요?

필수 가전제품 1	For example without a refrigerator we can't keep food fresh. It will spoil in a few days.
필수 가전제품 2	Next, if we don't have the washer, we have to wash our clothes all by hand and it must be such an annoying task. Actually, in Korea, there are a lot of new coin laundromats. You can get your clothes washed and dried there as well. Therefore, the people who live alone tend to not buy washer but use that place.
필수 가전제품 3	Lastly, the vacuum cleaner is a fundamental device. Imagine you didn't have a cleaner. Then you would have to sweep the floor.
마무리	It's another difficult thing to do but less clean.

필수 가전제품 1	예를 들어, 냉장고가 없다면, 우리는 음식을 신선하게 유지할 수 없습니다. 음식은 며칠 있으면 상하게 될 거예요.
필수 가전제품 2	다음으로, 만약 세탁기가 없으면, 옷을 모두 손으로 빨아야 하고 그것은 정말 힘든 일임에 틀림없어요. 사실, 한국에는 새로운 동전 빨래방들이 많이 있습니다. 동전 빨래방에서는 옷을 빨 수 있고, 말릴 수도 있습니다. 그러므로 혼자 사는 사람들은 세탁기를 사지 않고, 그 장소를 사용하는 경향이 있습니다.
필수 가전제품 3	마지막으로 진공청소기는 필수적인 기기입니다. 청소기가 없다는 걸 상상해 보세요. 그렇다면, 당신은 바닥을 쓸어야 합니다.
마무리	바닥을 청소하는 것은 또 다른 어려운 일인데 덜 깨끗합니다.

어휘   • spoil 망치다, 상하다   • laundromat 자동 세탁기 건조기, 빨래방   • fundamental 필수적인

04 Discuss a time when you were placed in a situation where a particular appliance malfunctioned. What was wrong with the appliance? What did you need to do in order to address the problem with it? Did you need to have it repaired or were you able to repair it yourself? Were you able to use it again?

특정 가전제품을 제대로 작동하지 않았던 상황에 처했던 때를 얘기해 보세요. 그 가전제품의 문제가 무엇이었나요? 그 문제를 해결하기 위해서 무엇을 해야 했나요? 가전제품을 수리해야 했나요? 아니면 스스로 그 가전제품을 수리할 수 있었나요? 다시 그것을 사용할 수 있었나요?

고장 난 가전제품 ⟩→ There was a time when the washing machine at my home didn't work. I put all my clothes in the washing machine and pressed the operating button to do the laundry.

가전제품 문제 ⟩→ However, there was an error message on the washing machine display screen. I didn't know what the problem was, so I checked the manual. It seemed like a problem that I couldn't fix by myself.

가전제품 수리 ⟩→ I told my mom, and she called the service center. The employee heard about the situation and said he'd send a repairman. Upon Arrival, the repairman took a close look at the washing machine and said it's inevitable that some parts would need to be changed. Fortunately, it wasn't that expensive. So that day, we got some of the parts replaced and the washing machine got back to normal again.

마무리 ⟩→ It was such a relief that it wasn't a big problem as it was purchased not very long ago.

고장 난 가전제품 ⟩→ 집에 있는 세탁기가 작동하지 않았던 때가 있었습니다. 세탁기에 제 옷을 모두 넣어서 세탁을 하려고 시작 버튼을 눌렀어요.

가전제품 문제 ⟩→ 그런데 세탁기 표시 화면에 에러 메시지가 떴어요. 무슨 문제인지를 몰라서 저는 설명서를 확인했습니다. 제가 스스로 수리할 수 없는 문제인 것 같았어요.

가전제품 수리 ⟩→ 저는 엄마에게 말씀을 드렸고, 엄마는 서비스 센터에 전화를 했습니다. 직원이 상황에 대해서 듣게 됐고, 수리 직원을 보내겠다고 했습니다. 수리 직원이 도착하자마자 세탁기를 자세하게 살펴봤고, 일부 부품들을 교체하는 게 불가피하다고 말했습니다. 다행히도, 가격이 비싸지는 않았어요. 그래서 그날 우리는 몇몇 제품들을 교체했고, 세탁기는 다시 정상으로 되돌아왔습니다.

마무리 ⟩→ 세탁기를 구매한 지가 그렇게 오래 전이 아니었기 때문에 큰 문제가 아니어서 정말 다행이었습니다.

어휘 · work 작동하다   · inevitable 불가피한, 피할 수 없는   · replace 교체하다

05 You indicated in the survey you enjoy taking pictures. When and where do you usually take pictures? And who do you take pictures with?

설문조사에서 사진 찍는 걸 좋아한다고 했습니다. 주로 언제, 어디에서 사진을 찍나요? 누구와 함께 사진을 찍죠?

사진 촬영 장소 → I really enjoy taking pictures. Thanks to smartphones, it's much easier to take pictures. Since I carry my cell phone everywhere, I can take pictures here and there regardless of the location.

사진 촬영 방법 → These days, the camera function of the phones has improved a lot. The quality of pictures is better than most general cameras. More than anything, if you take a picture with your phone and edit it with an app, you can become a good photographer like an expert. I like to use Instagram, so I post a lot of pictures on my Instagram.

사진 촬영 시간 → I take pictures when I see beautiful scenery on my way to and from school, eat delicious food, and see adorable stuff. I take selfies from time to time, but it's more fun to make funny faces with my friends. Those comical pictures make us giggle a lot.

마무리 → They bring me joy.

사진 촬영 장소 → 저는 사진 찍는 걸 정말 좋아합니다. 스마트폰 덕분에 사진 찍는 게 더욱 더 쉬워졌어요. 모든 곳에 휴대폰을 가지고 다닐 수 있어서, 저는 장소에 상관없이 여기저기에서 사진을 찍을 수 있습니다.

사진 촬영 방법 → 요즘에는 휴대폰의 카메라 기능이 많이 향상되었습니다. 사진의 화질이 대부분의 일반 카메라보다 더 좋아요. 무엇보다도 전화기로 사진을 찍고 앱으로 사진을 편집하면 전문가급의 멋진 사진작가가 될 수 있습니다. 저는 인스타그램을 이용하는 걸 좋아해서 제 인스타그램에 사진을 많이 올립니다.

사진 촬영 시간 → 저는 등하교 길에 아름다운 풍경을 볼 때, 맛있는 음식을 먹을 때, 그리고 사랑스러운 것들을 볼 때 사진을 찍어요. 가끔 셀카 사진을 찍기도 하지만, 제 친구들과 우스꽝스러운 표정을 짓는 게 더 재미있어요. 이런 웃긴 사진들은 우리를 많이 웃게 해 줍니다.

마무리 → 그런 사진들은 우리에게 기쁨을 줍니다.

어휘 • regardless of ~와 상관없이 • giggle 낄낄 웃다, 키득거리다 • adorable 귀여운

06 What do you prepare before you take pictures? Tell me about all the things you do before snapping some pictures.

사진을 찍기 전에 무엇을 준비하나요? 사진을 찍기 전에 하는 일들을 모두 말해 보세요.

| 간단한 답변 | I don't use a film camera anymore, so there's not much to prepare before taking pictures. I don't really use digital cameras these days either. |

| 준비 1 | Like most people, I take pictures with high-quality phones. Therefore, if I have a chance to go take pictures, I make sure my phone is fully charged and bring a portable battery. |

| 준비 2 | Additionally, I've got a tip for you. If you want to take a selfie with a wider background, it's better to bring a selfie stick. It really comes in handy. |

| 준비 3 | Here is some more advice. There are some things to consider for looking better in the pictures. In order to come out well in the pictures, you should avoid skin-colored clothes and ones with turtlenecks. |

| 준비 4 | Other than this, there are things I consider in the moment I take pictures. I pay attention to the composition and direction of the light. |

| 마무리 | I think those are the things you better get ready when you take a picture. |

| 간단한 답변 | 저는 더 이상 필름 카메라를 사용하지 않아서 사진을 찍기 전에 준비해야 할 건 많지 않습니다. 요즘에는 디지털 카메라도 정말 사용하지 않아요. |

| 준비 1 | 대부분의 사람들처럼 저는 고급 휴대폰으로 사진을 찍습니다. 그래서 사진을 찍으러 갈 기회가 있으면, 반드시 휴대폰을 완전히 충전하고, 휴대용 배터리도 가져갑니다. |

| 준비 2 | 또한, 당신을 위한 팁이 하나 있어요. 더 넓은 배경으로 셀카를 찍고 싶다면, 셀카봉을 가져가는 게 더 좋습니다. 정말 쓸모가 있어요. |

| 준비 3 | 조언해 드릴 게 좀 더 있는데요. 사진에서 더 잘 나오게 하려면 고려해야 할 게 좀 있습니다. 사진에서 더 잘 나오게 하기 위해서 살색 옷과 목이 긴 옷들을 피해야 합니다. |

| 준비 4 | 이외에도 사진을 찍을 때 고려할 것이 있습니다. 저는 빛의 구도와 방향에도 주의를 기울입니다. |

| 마무리 | 저는 이와 같은 것들이 사진을 찍을 때 더 잘 준비할 수 있는 것들이라고 생각합니다. |

어휘 · high-quality 고급의 · come in handy 쓸모가 있다 · skin-colored 살색의 · composition 구도

07 Tell me about the most memorable experience while taking a picture. When was it? Who was with you?

사진을 찍으면서 가장 기억에 남는 경험을 말해 보세요. 그게 언제였나요? 누구와 함께 있었죠?

| 과거 시간 | You probably won't believe this. It's already been a few years, but I still can't forget the feeling of that day. |

| 상황 설명 1 | I was on my way home after academy. Uncommonly, there were many people on a road. I was curious, so I went up closely and saw what's going on there. People were filming a movie. I looked around for an actor. That moment, I realized that lights in a parking lot near the location were turned off. It was unusual, so I looked inside and noticed a man with an extraordinary body ratio. |

| 상황 설명 2 | When I tilted my head and looked at him, he gave me a gesture to come closer. I looked closely and realized that he was Gong Yoo. My heart was pounding so fast. I went closer to him. We made a small talk and took a picture together. |

| 마무리 | I still can't forget that day even after all these years. |

| 과거 시간 | 아마도 이걸 안 믿으실 텐데요. 벌써 몇 년 전이었지만, 아직도 그날의 느낌을 잊을 수 없습니다. |

| 상황 설명 1 | 학원 수업이 끝나고 집에 가는 도중이었습니다. 흔치 않게 도로에 많은 사람들이 있었습니다. 저는 궁금해서 가까이 다가가서 그곳에서 무슨 일이 일어나고 있는지를 확인했습니다. 사람들이 영화를 촬영하고 있었습니다. 저는 배우를 찾아봤습니다. 그때 저는 촬영 장소 근처 주차장에 전등이 꺼져 있다는 걸 알아차렸습니다. 평소와는 달라서 저는 안을 들여다봤고, 예사롭지 않은 신체 비율을 한 남자가 있다는 걸 알게 됐습니다. |

| 상황 설명 2 | 제 머리를 뒤로 젖혀서 그를 봤을 때, 그는 저에게 더 가까이 오라는 손짓을 했습니다. 가까이에서 보고, 그가 공유라는 걸 알게 됐습니다. 심장이 쿵쾅쿵쾅 빨리 뛰고 있었습니다. 그에게 더 가까이 다가갔습니다. 우리는 잡담을 나눴고 함께 사진을 찍었습니다. |

| 마무리 | 그렇게 몇 년이 지나고도 저는 아직도 그날을 잊을 수 없습니다. |

어휘 ・uncommonly 흔치 않게 ・closely 가까이에 ・extraordinary 예사롭지 않은, 뛰어난
・body ratio 신체 비율

08 Identify the room where you spend most of your time while in your home in detail.

집에 있을 때 대부분의 시간을 보내는 방을 자세하게 말해 보세요.

장소 소개 → I think the place where I spend the most time at home is hands down my bedroom. I sleep about 7 hours a day, so I spend at least 7 hours in my room every single day. Excluding sleeping time, I still spend most of my time in my bedroom.

방에서 하는 활동 → The only time I'm not in my room is when I go to the bathroom, eat, and watch television in the living room. I usually study and play computer games at my desk in my room. Even if my friends come over, we usually spend time in my room. My mom brings us some snacks to the room.

가장 좋아하는 시간 → Do you know what I like the most while in my room? It's before going to bed. When I am tucked under the blanket watching YouTube or talking to friends over the phone, it's really relaxing and cheerful.

마무리 → I'm always thankful to my parents for my room.

장소 소개 → 집에서 대부분의 시간을 보내는 그 장소는 논의할 여지없이 제 침실입니다. 저는 하루에 약 7시간 잠을 자서, 매일 최소 7시간을 제 방에서 보냅니다. 수면 시간을 제외하면, 저는 여전히 제 침실에서 대부분의 시간을 보냅니다.

방에서 하는 활동 → 제 방에 없는 유일한 시간은 제가 화장실에 갈 때, 밥을 먹을 때, 그리고 거실에서 TV를 볼 때입니다. 저는 주로 제 방 책상에서 공부하고 컴퓨터 게임을 합니다. 친구들이 집에 오더라도, 우리는 주로 제 방에서 시간을 보냅니다. 엄마가 우리들에게 방으로 간식을 가져다줘요.

가장 좋아하는 시간 → 제 방에서 가장 좋아하는 것을 알고 계세요? 바로 잠을 자러 가기 전입니다. 유튜브를 보거나 전화로 친구들과 얘기하면서 제가 이불 속으로 들어가 있을 때, 정말 마음이 편안하고 기분이 좋습니다.

마무리 → 제 방에 대해서는 부모님께 항상 감사하고 있습니다.

어휘 • hands down 명백히 • every single day 매일 • living room 거실 • relaxing 마음이 편안한

09 Talk about your childhood home. Describe how it has changed over the years.

어렸을 적에 살았던 집을 얘기해 보세요. 시간이 지나면서 집이 어떻게 변했는지를 말해 보세요.

어렸을 때의 집 → When I was young, my family lived in the countryside. We lived in Gyeongju, my dad's hometown. Gyeongju is famous for having many historical sites. When I lived in that region, I lived in a house unlike I do now in Seoul.

집 묘사 → It was a two-story building and there was a small front yard. I think my dog liked the yard the most. The living room and my parents' room were on the first floor, and my brother and I used the rooms on the second floor. I miss the spacious size of the house.

현재 사는 집 → In contrast, there are many different advantages of living in an apartment in Seoul.

장점 → Firstly, although the house is smaller, I like my current home because we live in an apartment complex, and all my close friends live nearby. Secondly, since we live in the city, the transportation system is very convenient. The bus stop and subway station are all within 10 minutes.

마무리 → They are just some of the differences.

어렸을 때의 집 → 제가 어렸을 때, 우리 가족은 시골에 살았습니다. 우리는 아빠의 고향인 경주에 살았어요. 경주는 많은 유적지들로 유명합니다. 그 지역에 살았을 때, 저는 현재 서울에서 살고 있는 집과는 다른 집에서 살았습니다.

집 묘사 → 2층 건물이었고 조그만 앞마당이 있었습니다. 강아지가 앞마당을 가장 좋아했던 것 같아요. 거실과 부모님 방은 1층에 있었고, 동생과 저는 2층에 있는 방을 사용했습니다. 널찍한 그때의 집이 그립네요.

현재 사는 집 → 반대로, 서울에 있는 아파트에 살면 많은 여러 가지 장점들이 있습니다.

장점 → 먼저, 집이 좀 더 작아도, 아파트 단지에서 살고 친한 친구들 모두가 근처에 살고 있어서 현재 집이 좋습니다. 두 번째, 우리가 도시에 살고 있어서, 교통 시스템이 아주 편리합니다. 버스 정류장과 지하철역이 모두 10분 거리 이내에 위치해 있어요.

마무리 → 이런 것들이 단지 차이점이라 할 수 있습니다.

어휘 • countryside 시골 지역 • region 지역 • spacious 널찍한

10 Talk about a noteworthy experience you have had with family members or your friends in your house. What made this experience special or unique?

집에서 가족이나 친구들과 함께 했던 주목할 만한 경험에 대해서 말해 보세요. 무엇이 이 경험을 특별하거나 독특하게 했나요?

주목할 만한 일 ⟶ Personally, the most remarkable thing I do at home with my family is decorating for Christmas. Of course, ordinary activities we do at home are also meaningful. I mean having meals, and casual conversations, etc. However, the time with my family on Christmas appears more precious to me.

가족 역할 1 ⟶ Each family member has his or her own role. My father puts up a pretend Christmas tree and puts lights on it.

가족 역할 2 ⟶ I put lights on the windows and around the living room.

가족 역할 3 ⟶ Meanwhile, my mom places Christmas decorations throughout the house.

가족 역할 4 ⟶ The youngest, my sister hangs Christmas decorations on trees. I like the time my whole family members work on something together.

중요한 일 & 마무리 ⟶ However, the best part of that day is when we gather and talk about what happened over the year. If there's something we're upset about, we apologize to each other, and then we promise to do better.

주목할 만한 일 ⟶ 개인적으로, 가족과 집에서 하는 가장 주목할 만한 일은 크리스마스를 위해 집을 꾸미는 거예요. 물론, 우리가 집에서 하는 일상적인 활동들 또한 중요합니다. 저는 밥을 먹고, 일상적인 대화 등을 의미하는 겁니다. 그러나 크리스마스에 가족과 함께 하는 시간은 저에게 더 소중하게 다가옵니다.

가족 역할 1 ⟶ 가족 구성원은 저마다 역할이 있어요. 아빠는 가짜 크리스마스트리를 세우고, 트리에 전등을 달아요.

가족 역할 2 ⟶ 저는 창문과 거실 주변에 전등을 설치합니다.

가족 역할 3 ⟶ 그 동안에, 엄마는 집 곳곳에 크리스마스 장식을 합니다.

가족 역할 4 ⟶ 막내 여동생은 크리스마스 장식품을 트리에 달아요. 저는 가족이 함께 뭔가를 하는 시간이 좋습니다.

중요한 일 & 마무리 ⟶ 그러나 그날의 가장 중요한 부분은 함께 모여서 한 해 동안 무슨 일이 있었는지를 얘기할 때입니다. 우리가 속상한 뭔가가 있다면, 서로 사과합니다. 그러고 나서 더 잘하겠다고 약속합니다.

어휘 • remarkable 눈에 띄는, 주목할 만한 • ordinary 일상적인 • upset 속상한

콤보④ 좋아하는 가게&쇼핑 롤플레이 3문제 연속 출제 (약 6분)

I'd like to give you a situation and ask you to act it out. You walk past your favorite shop, and see a poster that says they are offering big discounts. Pretend that you enter the store and then ask the sales representative some questions about the sale.

제가 상황을 드릴 테니, 역할 연기를 해보세요. 학생이 가장 좋아하는 가게를 지나가고 있고, 큰 할인을 하고 있다는 포스터를 보게 됩니다. 가게에 들어간다고 가정하고, 영업 사원에게 세일과 관련해서 몇 가지 질문을 해 보세요.

방문 목적	Hello, how are you? I was passing by the store, and I saw a poster saying you are offering big discounts. Can I look around?
질문 1	I am so glad that my favorite store is on sale. What items are included in the sale?
질문 2	Is that white padded jacket displayed on the window included in the sale? Whenever I see that passing the store, I really wanted to have it. It's too bad. It's not included in the discountable list.
질문 3	Is there another jacket that you can recommend from the ones on sale? I hope the design is similar to the one at the window. Most importantly, I want a white and warm one. I get cold easily, so it's important for me to wear warm clothes.
질문 4	When is the discount event going to end?
마무리	I would like to introduce this offer to my friends, so they also can take advantage of the event.

방문 목적	안녕하세요? 가게를 지나가다가 대할인을 한다는 포스터를 봤어요. 좀 둘러봐도 될까요?
질문 1	제가 가장 좋아하는 가게가 세일 중이라니 너무 기뻐요. 어떤 물건들이 세일에 포함되나요?
질문 2	창가에 전시되어 있는 흰색 패딩 재킷이 할인에 포함되나요? 가게 지나가며 저거 볼 때마다 정말 갖고 싶었어요. 너무 안타깝네요. 그것은 할인 가능 목록에 없군요.
질문 3	세일하는 것 중에 추천할 만한 다른 재킷이 있나요? 디자인은 창문에 있는 것과 비슷하면 좋겠어요. 가장 중요한 건 흰색이고 따뜻한 걸 원해요. 제가 추위를 잘 타서 따뜻한 옷을 입는 것이 중요해요.
질문 4	할인 행사는 언제 끝날 예정인가요?
마무리	친구들한테 할인을 알려 줘서 친구들도 행사 혜택을 받으면 좋겠어요.

12 I'm sorry, but there is a problem I need you to resolve. You bought a product at the shop, but once you return home, you discover that the product is broken. You telephone the shop in order to tell them about the problem. Describe the problem and provide two options to solve this problem.

미안하지만, 해결해야 할 문제가 있습니다. 그 가게에서 제품을 구매했지만, 집에 돌아와 보니, 그 제품이 망가졌다는 것을 발견하게 됩니다. 그 문제에 대해서 얘기할 수 있도록 가게에 전화하세요. 그 문제를 설명하고 문제를 해결할 수 있도록 두 가지 옵션을 제시하세요.

간단한 답변 ── Hello, I bought a white winter jacket from the store about an hour ago. Do you remember me?

문제 상황 설명 ── After I got home from shopping, I tried the jacket on again. Shockingly, I found a hole in the collar. The hole isn't that big right now, but I think it'll get really big if I wear it a few more times. It would've been better if we discovered it before I bought it from the store.

옵션 1 ── Anyway, I just don't think I can wear this. What should I do? If you have another jacket, I'll go exchange it right away.

옵션 2 ── If you don't have another one right now, I'd appreciate it if you could exchange it by delivery. Will I be able to get the new jacket within 3 days as I was going to wear it on the weekend when I go to Lotte World with my friends?

마무리 ── I hope you can help me out!

간단한 답변 ── 안녕하세요. 약 한 시간 전에 가게에서 흰색 겨울 재킷을 샀어요. 저 기억하세요?

문제 상황 설명 ── 쇼핑하고 집에 와서 재킷을 다시 입어봤는데요. 충격적이게도 옷깃에서 구멍을 발견했어요. 구멍이 지금은 그렇게 크지 않지만 몇 번 더 입으면 정말 커질 것 같아요. 가게에서 사기 전에 발견했으면 더 좋았을 텐데요.

옵션 1 ── 아무튼, 이거 그냥 입을 수 있을 것 같진 않아요. 제가 어떻게 해야 하나요? 여분의 재킷이 있으면, 바로 가서 교환할게요.

옵션 2 ── 지금 당장 여분이 없으면, 택배로 교환해 주시면 감사하겠습니다. 친구들이랑 롯데월드 갈 때 주말에 입을 예정이어서, 3일 안에 새 재킷을 받을 수 있을까요?

마무리 ── 저를 도와줄 수 있기를 바랍니다.

13 Great! That's the end of the situation. Can you remember a time when you purchased a product that malfunctioned or was broken? I'd like you to describe an experience in which you were dissatisfied with something you bought. Describe the item you bought and what the trouble with it was, and explain to me how you resolved the problem.

답변 잘하셨습니다! 이제 상황은 끝이 났습니다. 학생은 제대로 작동하지 않거나 고장이 난 제품을 구매했던 때를 기억하나요? 학생이 구매한 물품에 불만족했던 경험을 설명해 보세요. 구매했던 제품과 그 제품이 어떤 문제가 있었는지를 말해 보세요. 그리고 그 문제를 어떻게 해결했는지를 설명해 보세요.

상황 설명	Yes, there was a time I purchased a product with a problem. I bought a Nintendo games console. I got it as a reward for doing a great job on my test. I got the best score on a test in my grade. After I got approval from my parents, I ordered the device online. I was very excited when it was arrived.
문제점 설명	I unpacked the package and turned it on. However, the controller attached to the console didn't work as smoothly compared to the same models my friends had. I was very disappointed since it was a very important part of the game I enjoyed playing.
해결 방법	I called the service center of the company and explained my situation. Thankfully, they easily accepted it as a fault, and they suggested I exchange it for a new one.
마무리	Although I had to wait another week until I received the new one, I was satisfied with the way how the company dealt with my problem.

상황 설명	네, 문제가 있는 상품을 구매한 적이 있어요. 저는 닌텐도 게임기를 샀어요. 시험을 잘 봐서 상으로 게임기를 받았어요. 시험에서 저희 학년 중 최고의 점수를 받았거든요. 저는 부모님께 허락을 받고 난 후에, 인터넷으로 기계를 주문했어요. 게임기가 도착했을 때, 매우 흥분됐어요.
문제점 설명	포장을 뜯고 전원을 켰어요. 근데, 게임기에 붙어 있는 조작기가 제 친구들이 가진 같은 모델에 비해서 부드럽게 작동하지 않았어요. 제가 즐겨 하는 게임에서 아주 중요한 부분이라서 매우 실망했습니다.
해결 방법	저는 그 회사 서비스 센터에 전화해서 제 상황을 설명했어요. 감사하게도 그들은 결함을 인정하고 새것으로 교환해 주겠다고 제안했어요.
마무리	새 게임기를 받기까지 또 일주일을 기다려야 했지만, 그 회사가 문제를 처리하는 방식에 만족했습니다.

어휘 •approval 승인, 허가 •unpack (포장, 짐 등을) 열다, 풀다 •compare to ~와 비교해서

콤보⑤ 여가 시간 이슈 주제 2문제 연속 출제 (약 4분)

14 Over the years, explain some of the changes that you have noticed in regard to domestic or international trips. Tell me about these changes in as much detail as possible.

수년간에 걸쳐서 국내 또는 해외여행에 관해서 알게 된 변화를 설명해 보세요. 가능한 한 자세하게 말해 보세요.

변화 이유 → Due to the outbreak of Covid 19 in early 2019, things have changed a lot regarding traveling overseas.

입국 금지 → The governments of each country that were concerned about the inflow of COVID-19 infectees from other countries once banned tourists from entering their countries.

자가 격리 → Later, even if the governments loosened the restriction, people had to self-quarantine for two weeks as soon as they arrive at the airport. It was the same for Korea. This meant once you travel abroad, you had to quarantine for 2 weeks after arriving at the destination, and another 2 weeks after you return to your home country.

결과 → As a result, people couldn't travel abroad because a trip required at least 4 weeks for quarantine. Just a couple of months ago, the government announced, 'With Corona', and withdrew the obligation to self-isolate to overseas entrants. However, soon, because of the Omicron, the variant virus, the quarantine limitation was revived.

마무리 → I hope COVID-19 ends and I can travel abroad freely.

변화 이유 → 2019년 초, 코로나 바이러스가 발생해서 해외여행과 관련된 많은 것들이 변했어요.

입국 금지 → 타 국가로부터의 코로나 감염자 유입을 걱정한 각 나라의 정부는 한때 여행객의 입국을 금지했습니다.

자가 격리 → 추후 정부가 규제를 완화했어도 사람들은 공항에 도착하자마자 2주 동안 격리돼야 했습니다. 한국도 마찬가지였죠. 이것은 해외여행을 가면 목적지 도착 후 2주, 귀국해서 2주를 격리돼야 한다는 의미였죠.

결과 → 그 결과, 한 번의 여행에 최소한 4주의 격리가 요구되자 사람들은 해외여행을 할 수 없었어요. 불과 두세 달 전에 정부는 '위드 코로나'를 발표하고 입국자 자가 격리를 중단했어요. 하지만 곧, 변형 바이러스인 오미크론 때문에 격리 제한이 재개됐습니다.

마무리 → 코로나 바이러스가 끝나고 자유롭게 해외를 여행하고 싶어요.

어휘 ·outbreak 발생 ·ban 금지하다 ·loosen 완화하다 ·self-quarantine 자가 격리를 하다

15   Why do you think that a vacation is important or necessary for people? How is it good for one's health or relationship with other people? How have people been affected by vacation?

왜 휴가가 사람들에게 중요하거나 필요하다고 생각하나요? 자신의 건강과 다른 사람들과의 관계에 휴가가 어떻게 좋은가요? 사람들은 휴가에 어떤 영향을 받았나요?

간단한 답변 ── Needless to say, the vacation is very important for people for many reasons.

중요성 1 ── First, the vacation allows us to relieve stress and recharge. Since the stress is the root of every illness, if you get rid of it, we can live more healthily. Also, it's impossible to continue to do our jobs without taking breaks. Endorphins produced during the vacation let us perform better.

중요성 2 ── Secondly, the vacation gives people some piece of mind. Also, the states of mind have a huge impact on human relationships as well. When we are too tired, we get annoyed easily by others.

경험1 ── Take my experience as an example. I get extremely sensitive during exam periods. I get annoyed with my friends and family for small things. I regret it right away, but when I am stressed out, it's hard to control my emotions.

경험2 & 마무리 ── Another example is my mom. I think my mom is kindest when she is back from a trip with her friends.

간단한 답변 ── 말할 필요 없이, 휴가는 많은 이유로 사람들에게 매우 중요합니다.

중요성 1 ── 먼저, 휴가는 우리가 스트레스를 해소하고 재충전할 수 있도록 해 줍니다. 스트레스는 만병의 근원이라서 그것을 없앨 수 있다면, 우리는 더 건강하게 살 수 있어요. 또한, 휴식을 취하지 않고 우리의 일을 계속하는 것은 불가능해요. 휴가 동안 만들어진 엔도르핀은 우리가 더 일을 잘할 수 있게 해 줘요.

중요성 2 ── 두 번째로, 휴가는 사람들에게 마음의 안정을 줍니다. 또한, 마음의 상태는 인간관계에도 큰 영향이 있어요. 우리는 너무 피곤하면, 남들로부터 쉽게 짜증이 납니다.

경험 1 ── 제 경험을 예로 들어 볼게요. 저는 시험기간 동안 극도로 예민해집니다. 사소한 일로 친구들과 가족들에게 짜증이 나요. 곧바로 후회하지만, 스트레스를 받을 땐, 감정을 다스리는 게 어려워요.

경험2 & 마무리 ── 또 다른 예는 저희 엄마예요. 엄마는 친구분들과 여행을 다녀오셨을 때가 가장 친절하신 것 같아요.